Über dieses Buch

Rund elf Milliarden Mark werden in Deutschland jedes Jahr mit käuflichem Sex umgesetzt. In kaum einer anderen Branche herrschen die Gesetze der Marktwirtschaft so brutal wie bei der weiblichen Prostitution: Zu Zehntausenden werden in Deutschland junge Frauen in Abhängigkeit getrieben, brutal ausgebeutet und – oft ohne ihr Wissen – für Beträge bis zu 30 000 Mark von einem Zuhälter zum nächsten weiterverkauft. Seit dem Fall des Eisernen Vorhangs werden immer mehr Mädchen aus dem ehemaligen Ostblock zu Opfern der Sex-Mafia. Das große Geld machen neben den Frauenhändlern und Bordellbetreibern vor allem Immobilienbesitzer, die sich nach außen hin oft als honorige Geschäftsleute geben.

Und der Staat? Er verschanzt sich hinter verstaubten Moralvorstellungen – und verbietet es sogar ausdrücklich, für Prostituierte angenehme Arbeitsbedingungen zu schaffen. Zugleich erliegen immer wieder Politiker, Polizisten oder Verwaltungsbeamte dem Reiz des Milieus und lassen sich mit Sex und Geld bestechen.

Anhand von zahlreichen Einzelbeispielen gibt der Autor faszinierende Einblicke in die Rotlichtszene, schildert die Mechanismen des Mädchenhandels und vergleicht die Situation in den wichtigsten deutschen Großstädten. Er zeigt, mit welchen Methoden erfolgreiche Rotlichtgrößen ihren Einfluß und die einmal erlernten Geschäftstechniken auf andere Wirtschaftsbereiche ausweiten – und schließlich in die höheren Kreise der Gesellschaft aufsteigen.

Der Autor
Joachim Riecker, geb. 1963, ist Historiker und Journalist. Er arbei-
tete als freier Autor für die »Wirtschaftswoche«, die »Süddeutsche
Zeitung« und das »Handelsblatt« und ist heute Redakteur für das
Wochenend-Magazin der »Berliner Morgenpost«.

Fischer Wirtschaft

Herausgegeben von
Prof. Dr. Dr. h. c. Bert Rürup

Joachim Riecker

Ware Lust

Wirtschaftsfaktor Prostitution

Fischer
Taschenbuch
Verlag

Lektorat: Anke Rasch

Originalausgabe
Veröffentlicht im Fischer Taschenbuch Verlag GmbH,
Frankfurt am Main, Juli 1995

© Fischer Taschenbuch Verlag GmbH, Frankfurt am Main 1995
Satz: Fotosatz Otto Gutfreund GmbH, Darmstadt
Druck und Bindung: Clausen & Bosse, Leck
Printed in Germany
ISBN 3-596-12171-X

Gedruckt auf chlor- und säurefreiem Papier

Inhalt

I. Die Razzia

Bungalows und Reihenhäuser, Tennisplätze und ein Fitness-Center – der Bruchweg in der Kleinstadt Kaarst am linken Niederrhein ist eine deutsche Vorortstraße, wie es sie zwischen Aachen und Zittau zu Tausenden gibt. Auch das zweistöckige Haus mit der Nummer 134 fällt kaum aus dem beschaulichen Rahmen. Jeder unkundige Passant würde zunächst vermuten, daß in dem rotgeklinkerten 70er-Jahre-Bau ein paar Durchschnittsfamilien wohnen, mit zwei Kindern und Hund.

Nur nachts und auch dann erst beim zweiten Blick fällt auf, daß die Hausnummer ein wenig heller und ein wenig rötlicher leuchtet als bei den Nachbarn. Hinter der unscheinbaren Vorortfassade verbirgt sich ein Sex-Club – das »Schlaraffenland«.

Die Besucher kennen die Adresse, denn die Betreiberin inseriert regelmäßig in Sex-Magazinen und Boulevardzeitungen. Auch den Herren, die am späten Abend des 26. Juni 1991 an der Tür klingelten, war die Anschrift wohlbekannt. Sie waren allerdings nicht gekommen, um hier ein paar nette Stunden zu verbringen – sie kamen aus einem ganz anderen, geradezu grotesken Grund. Gleich im Pulk rückten ein Richter, zwei Staatsanwälte und ein halbes Dutzend Polizeibeamte an, weil die Prostituierten im »Schlaraffenland« besonders gut behandelt werden. Nach deutscher Rechtsprechung ist genau dies verboten, denn gerade durch angenehme Arbeitsbedingungen werden die Frauen davon abgehalten, ihr »sittenwidriges Gewerbe« aufzugeben. Es soll Prostituierten in Deutschland so richtig dreckig gehen, damit sie endlich mit ihrem sündigen Treiben aufhören und einen anständigen Beruf ergreifen.

Bei ihrem Großeinsatz in dem Lokal machten Juristen und Polizisten reiche Beute: Beschlagnahmt wurden unter anderem mehrere Porno-Hefte und »6 Plastiksäcke mit Kondomen à 1000 Stück«, wie die Anklageschrift gegen die Betreiberin des Kaarster Sex-Clubs später detailgenau aufführte. Darüber hinaus fanden die Beamten von insgesamt 26 Prostituierten Gesundheitszeugnisse, aus denen hervorging, daß sich die Mädchen regelmäßig von einem Arzt untersuchen ließen. Um Mißverständnisse zu vermeiden, waren auf den Bescheinigungen neben den bürgerlichen Namen auch gleich die Pseudonyme wie »Tatjana«, »Coco« oder »Kim« aufgeführt. So machtlos Polizei und Justiz sonst oft im Umgang mit dem Rotlichtmilieu erscheinen: Bei Sex-Clubs, in denen die Prostituierten fair behandelt werden, scheut der Staat weder Kosten noch Mühen, um die Betreiber vor Gericht zu zerren. Auch die damals 40jährige »Schlaraffenland«-Chefin Gisela N. wurde schließlich wegen »Förderung der Prostitution« vom Amtsgericht Neuss zu 10 000 Mark Geldstrafe verurteilt – gerade weil sich ihre Mitarbeiterinnen in dem Lokal besonders wohl fühlten.

Sex und Champagner

Der Sex-Club »Schlaraffenland« ist von 10 Uhr vormittags bis vier Uhr morgens geöffnet. Während tagsüber meist nur wenige Mädchen auf Kunden warten, arbeiten abends und nachts rund ein Dutzend Prostituierte in dem Lokal. Wer hier schon beim Empfang ein verruchtes Ambiente erwartet, sieht sich allerdings enttäuscht: Die Atmosphäre des Clubs entspricht seiner gutbürgerlichen Vorortlage. Nachdem er seinen Mantel an einen gußeisernen Garderobenständer im altdeutschen Stil gehängt hat, kann es sich der Gast auf den Sitzgelegenheiten des »Kontaktzimmers« bequem machen. Trotz roter Tapete und schummrigen Lichts erinnert der Raum eher an das bieder eingerichtete Wohnzimmer einer deutschen Durchschnittsfamilie als an eine verruchte Lasterhöhle. Auf den plüschigen Polstersofas im Stil der ausgehenden 70er Jahre warten leicht beschürzte Mädchen, um die Gäste zunächst in einen lockeren Small-talk zu verwickeln und anschließend nach Möglichkeit zur Bestellung einer

Provision und Abgaben im Sex-Club »Schlaraffenland«			
Angebot	Preis	an Prostituierte	an Club
1 kleine Flasche Champagner	130 DM	50 DM	80 DM
1 große Flasche Champagner	250 DM	90 DM	160 DM
1 Mädchen, 30 Minuten	120 DM	70 DM	50 DM
3 Mädchen, 30 Minuten	250 DM	je 60 DM	70 DM

Quelle: StA Düsseldorf

Flasche Champagner zu bewegen. Die kleine (0,7 Liter) kostet 130 Mark, von denen das Mädchen 50 Mark als Provision bekommt. Für die 1,5-Liter-Magnum werden 250 Mark berechnet; die Prostituierte, die den Gast zum Kauf der Flasche animiert hat, darf einen Anteil von 90 Mark behalten.[1]

Bestellt ein Gast genügend Getränke, kann ein Abend für eine Clubmitarbeiterin auch dann sehr lukrativ sein, wenn es gar nicht zum Sex kommt. Doch natürlich muß jede Frau im »Schlaraffenland« grundsätzlich bereit sein, mit einem Besucher auch ins Séparée zu gehen. Es gilt ein Mindestpreis von 120 Mark für eine halbe Stunde. Von dieser Summe gehen 70 Mark an die Prostituierte; die restlichen 50 Mark muß sie als sogenanntes »Stichgeld« an die Chefin abführen. Darüber hinaus gibt es in dem Club einen »Pauschalservice«, bei dem sich ein Besucher drei Mädchen zum Preis von 250 Mark aussuchen kann. Die Frauen bekommen davon jeweils 60 Mark, die restlichen 70 Mark gehen an die Geschäftsführung. Werden höhere Summen vereinbart, dürfen die Prostituierten den Überschuß für sich behalten.

Nachdem ein Gast mit einem oder mehreren Mädchen handelseinig geworden ist, muß er im »Schlaraffenland« – wie in der Branche üblich – vor dem Sex die vereinbarte Summe bezahlen. Das Geld wird in einer zentralen Kasse in der Küche hinterlegt. Die Clubleitung rechnet mit den Frauen manchmal schon am nächsten Tag ab, meist

---

[1] Anmerkungen siehe Seite 187 ff.

jedoch erst am Ende einer Woche. Schon aus Sicherheitsgründen kommt dieses Bonsystem auch den Interessen der Prostituierten entgegen, denn Betrüger oder enttäuschte Freier haben keine Möglichkeit, ihr Geld durch Tricks oder Drohungen zurückzubekommen.

Der tägliche Durchschnittsverdienst von Prostituierten, die in Clubs wie dem »Schlaraffenland« arbeiten, läßt sich recht genau schätzen: Geht eine Frau pro Schicht mit zwei Freiern ins Séparée, die zuvor im Schnitt zwei kleine und eine große Flasche Champagner bestellt haben, erwirtschaftet sie einen Umsatz von 750 Mark, von dem sie 330 Mark behalten darf. Da eine Prostituierte in vielen Clubs noch eine tägliche Grundabgabe zwischen 25 und 30 Mark für Reinigung, Bettwäsche und Kondome zahlen muß, bleiben ihr rund 300 Mark. Bei 20 Arbeitstagen im Monat ergibt sich ein Verdienst von 6000 Mark, der in der Regel nicht oder kaum versteuert wird.

Auffallend attraktive oder bei den Freiern aus anderen Gründen besonders beliebte Frauen können diese Summe noch steigern, doch ist es zumindest in exklusiveren Sex-Clubs üblich, daß sich die Mädchen zunächst lange mit den Gästen unterhalten. Anders als in Eros-Centern, Wohnungsbordellen oder auf dem Straßenstrich, wo junge und gutaussehende Prostituierte in Einzelfällen bis zu 20 Freier pro Schicht haben, liegt die Obergrenze in einem Club bei drei oder höchstens vier Männern pro Arbeitstag.

Auch die Einnahmen der Betreiber lassen sich zumindest annähernd schätzen: Geht man davon aus, daß ein Mädchen mit Sex und Champagner am Tag durchschnittlich 750 Mark umsetzt und davon 420 Mark an die Clubleitung zahlt, ergibt sich – bei 15 Prostituierten – für den Club ein Tagesumsatz von rund 6300 Mark. Auf den Monat umgerechnet, liegen die Einnahmen bei knapp 190 000 Mark. Dieser Summe stehen allerdings beträchtliche Kosten gegenüber: für Miete, Wasser und Strom, Zeitungsannoncen und natürlich die Getränke. Trotzdem liegt das Monatseinkommen eines Sex-Clubbetreibers, der sein Lokal auch nur halbwegs professionell führt, weit im fünfstelligen Bereich. In Hamburg gibt es nach Berechnungen der Kriminalpolizei mehrere Sex-Clubs, die einen monatlichen Umsatz von bis zu 400 000 Mark erwirtschaften.

Kondome als Beweismittel

Selbst wenn die Frauen neben dem üblichen, pro Freier berechneten »Stichgeld« noch eine Grundabgabe von 25 bis 30 Mark zahlen müssen, sind die Arbeitsbedingungen in Clubs wie dem »Schlaraffenland« ausgesprochen fair. Arbeitet eine Frau hingegen in den legalen und vom Staat sogar bewußt geförderten Eros-Centern, muß sie jeden Tag zwischen 100 und 250 Mark an Miete und sonstigen Abgaben aufbringen – egal ob sie keinen oder zehn Freier hatte. Das Geld für ein Zimmer im Großbordell ist selbstverständlich auch dann fällig, wenn die Prostituierte krank ist oder frei nehmen will.

Gerade in »Dirnenwohnheimen« – so der schmeichelhafte Ausdruck der Behörden – geraten viele Prostituierte fast automatisch in eine Schuldenfalle, die typisch für das Rotlichtmilieu ist. Ein Tag ohne Kunden bedeutet sogleich, daß die Frau bis zu 300 Mark Minus macht. Kann hingegen eine Prostituierte im Sex-Club keinen Freier für sich gewinnen, braucht sie – außer der Grundabgabe von 25 oder 30 Mark – auch kein Geld an die Clubleitung zu zahlen. Erst wenn sie mit einem Mann ins Séparée geht, muß sie das »Stichgeld« an die Betreiber des Lokals abgeben.

Im Kaarster »Schlaraffenland« waren die Arbeitsverhältnisse sogar besonders ungewöhnlich, denn die Mädchen durften vom Freierlohn mehr als die branchenüblichen 50 Prozent behalten. Doch wenn sich Prostituierte in einem Sex-Club wohl fühlen und dort gut behandelt werden, muß der Chef nach dem Willen der Justiz bestraft werden, weil die Frauen, wie gesagt, dann ja keinen Anreiz haben, ihren Beruf zu wechseln. Der Bundesgerichtshof hat ausdrücklich festgelegt, daß Sex-Club-Betreiber, die in ihrem Unternehmen für eine »gehobene und diskrete Atmosphäre« sorgen, sich wegen Förderung der Prostitution strafbar machen. Im Fall des »Schlaraffenlands« ging der übereifrige Staatsanwalt sogar soweit, die beschlagnahmten 6000 Kondome – wohl im Sinne eines Gummiparagraphen – als Belastungsmaterial zu bewerten.

In diesem Punkt allerdings widersprach ihm der sittenstrenge Richter und vermerkte voller Einsicht: »Angesichts der Bedrohung durch die Krankheit Aids ist die Bevorratung und Benutzung von

Kondomen im wohlverstandenen Interesse der Öffentlichkeit dringend wünschenswert.« Immer wieder werden jedoch von der Polizei
in deutschen Puffs Präservative beschlagnahmt, die manchmal sogar
erst kurz zuvor von staatlich finanzierten Aids-Hilfegruppen oder
Hurenorganisationen an Prostituierte und Bordellbetreiber ausgegeben wurden.

Ein absurder Kreislauf entsteht: Die vom Staat – zumindest indi-
rekt – gekauften und an die Sex-Clubs verteilten Kondome werden
wenig später von der Polizei als Beweismaterial beschlagnahmt und
wandern ungenutzt in die Asservatenkammern der Justiz. Ob die im
»Schlaraffenland« sichergestellten 6000 Präservative noch vor dem
Verfallsdatum bei einer der üblichen Gerichtsauktionen versteigert
und anschließend doch noch ihrem eigentlichen Zweck zugeführt
werden konnten, ist nicht bekannt.

Natürlich gibt es auch in vielen Sex-Clubs Mißstände. Doch anstatt nur zu fragen, ob die Prostituierten dort ausgebeutet, unterdrückt oder gar mißhandelt werden, orientieren sich Gesetze und
Gerichte noch immer an überkommenen Moralvorstellungen. »Ab-
straktes Gefährdungsdelikt« lautet der Begriff, den Juristen für ihre
Prinzipienreiterei kreiert haben – was heißen soll, daß es bei einer
Tat kein direktes Opfer geben muß, das Verhalten einer Person jedoch trotzdem bestraft werden kann.

Auch im Fall des »Schlaraffenlandes« schrieb der Vorsitzende
Richter in seiner Urteilsbegründung, »daß das Gericht kein Einzel-
schicksal feststellen konnte, in dem aus der abstrakten Gefährdungs-
situation eine konkrete Gefährdung entstand«. Niemandem ging es
ihretwegen schlechter, niemand hatte ihretwegen einen Schaden zu
beklagen. Doch die beiden Sex-Clubbetreiberinnen mußten trotzdem verurteilt werden, weil der Staat und seine Gerichte den Standpunkt vertreten, »daß gerade besonders angenehme Arbeitsbedingungen für die Frauen noch vorhandene Hemmungen gegenüber der
Ausübung der Prostitution abbauen und einen Anreiz zur Fortsetzung dieser Tätigkeit bilden können«.

II. Preise, Praktiken, Profite

Niemand weiß, wie viele weibliche Prostituierte es in Deutschland gibt. Die Schätzungen reichen von 50 000 bis 400 000 Frauen – wobei die letzte Zahl deutlich zu hoch gegriffen sein dürfte.[1] Wissenschaftliche und auf breiter Ebene angelegte Untersuchungen über Prostitution in Deutschland gibt es ohnehin erst seit Mitte der 80er Jahre und dem Aufkommen von Aids. Die beiden Wissenschaftlerinnen Beate Leopold und Elfriede Steffan, die ab 1992 im Auftrag der Bundesregierung zum erstenmal die »rechtliche und soziale Situation von Prostituierten« in Deutschland untersuchten, kommen zu dem Ergebnis, daß über die Zahl der Frauen und Männer, die in Deutschland mit Sex Geld verdienen, »gar keine seriöse Gesamtschätzung abgegeben werden« kann.[2] Zu unterschiedlich sind die Angaben von Polizei, Prostituiertenprojekten und Gesundheitsämtern, um daraus eine verläßliche Größenordnung ableiten zu können. Außerdem kommen viele ausländische Frauen oft nur für ein paar Wochen oder Monate zum Anschaffen nach Deutschland und werden weder von der Polizei noch von anderen Behörden oder Institutionen registriert.

Insofern ist bereits die Frage, wie viele Prostituierte es in Deutschland gibt, ungenau gestellt – denn eine Kolumbianerin oder Ukrainerin, die ein paar Wochen lang in Deutschland bleibt, müßte dann genauso gezählt werden wie eine Frau, die das ganze Jahr über regelmäßig anschafft.

Trotz aller Unwägbarkeiten spricht vieles dafür, daß die Gesamtzahl der Frauen, die in Deutschland während eines Jahres mit Sex Geld verdienen, bei über 150 000 liegt. Vergleicht man die Angaben von Behörden und Projekten mit den Sex-Anzeigen in Boulevardzeitungen, erscheint es als realistisch, daß an einem Tag im Schnitt zwischen 50 000 und 70 000 Prostituierte in Deutschland ihre Dienste anbieten. Immer wieder kursiert in den Medien die Zahl von 400 000 Huren, die angeblich 1,2 Millionen Freier pro Tag haben – doch diese ursprünglich vom Prostituiertenprojekt Hydra aufgestellte und von »Bild« bis »Spiegel«[3] immer wieder gern verbreitete Hochrechnung basiert auf Annahmen, die in keiner Weise überprüfbar und auch nicht nachvollziehbar sind.

Noch schwerer als die Zahl der Prostituierten ist der Gesamtumsatz des Sex-Gewerbes in Deutschland zu schätzen – doch eine Summe von deutlich über zehn Milliarden Mark im Jahr erscheint als realistisch. Nimmt man an, daß an einem Tag im Durchschnitt rund 60 000 Prostituierte ihre Dienste anbieten und dabei im Schnitt zwischen 400 und 600 Mark einnehmen, ergibt sich ein Tagesumsatz von rund 30 Millionen Mark. Aufs Jahr umgerechnet liegt die Summe bei knapp elf Milliarden Mark. Dies entspricht dem Umsatz von Konzernen wie Nixdorf, AEG oder Tchibo.

Vielfältig sind die Formen, in denen zwischen Flensburg, Füssen und Frankfurt an der Oder käuflicher Sex angeboten und konsumiert wird: Die Palette reicht von der schnellen »Nummer« im Auto über den klassischen Bordellbesuch bis zur tagelangen Begleitung durch ein hochbezahltes Escort-Modell. Nach einer Studie der »Gesellschaft für interdisziplinäre Sozialforschung in Anwendung« (Intersofia) an der Freien Universität Berlin arbeiten in Deutschland fast zwei Drittel aller weiblichen Prostituierten in Bars, Clubs und Bordellen, während rund 16 Prozent aller Frauen, die mit Sex Geld verdienen, auf dem Straßenstrich anschaffen.[4] Der Anteil drogenabhängiger Prostituierter liegt nach dieser Untersuchung bei rund acht Prozent; auch diese Frauen und Mädchen finden ihre Freier fast immer auf der Straße. Die restlichen zwölf Prozent verteilen sich auf andere Formen der Prostitution wie Callgirl- und Escort-Services oder Telefonsex.

Da sich seit Anfang der 70er Jahre das Angebot in den unteren Preisklassen erheblich ausgeweitet hat, scheitert der Wunsch nach käuflichem Sex in Deutschland kaum noch am Geld: Ab höchstens 100 Mark ist in jeder Großstadt eine Frau – oder ein Mann – zu haben.

Verteilung von Prostitutionsbereichen	
Bars, Clubs, Bordelle	64 %
Straßenstrich	16 %
Beschaffungsprostitution	8 %
Sonstige	12 %

Quelle: Intersofia, Berlin

Zumindest in der Theorie kann sich eine Prostituierte für den Arbeitsplatz entscheiden, »wo sie sich am wohlsten fühlt und am besten ihre Qualifikationen einsetzen kann«. So hoffnungsvoll hat es zumindest das Prostituiertenprojekt Hydra formuliert.[5] In der Realität dürfte dies jedoch für viele Frauen ein kaum erfüllbarer Wunsch bleiben, denn bei den meisten Formen der organisierten Prostitution entstehen Abhängigkeiten, die einen freien Wechsel des Arbeitsplatzes zumindest sehr erschweren.

Straßenstrich – die schnelle »Nummer«

Den Straßenstrich gibt es in fast jeder deutschen Großstadt. Zumeist kommen die Kunden im Auto. Seltener gehören, wie etwa in St. Pauli oder auf dem Berliner Kurfürstendamm, auch Fußgänger zur Zielgruppe. Der Straßenstrich ist die anonymste Form des käuflichen Sex, denn die »Nummer« wird meist schnell und ohne lange Vorrede im Wagen absolviert. Fast immer haben Frauen und Freier auch die Möglichkeit, sich in eine »Pension« zu begeben. In einigen Straßenstrichgebieten – wie etwa rund um die Reeperbahn – gehen die Prostituierten mit ihren Freiern grundsätzlich in ein Stundenhotel oder eine sogenannte Steige. Entweder zahlen sie für das Zimmer eine feste Tagesmiete oder einen Anteil pro Freier, meist zwischen 20 und 30 Mark. Die Tarife auf dem Straßenstrich beginnen meist bei 40 Mark für Oralsex und 70 Mark mit zusätzlichem Geschlechtsverkehr.

Werden sie nicht durch Zuhälter kontrolliert, können die Frauen auf dem Straßenstrich ihre Arbeitszeit frei wählen. Zumindest theoretisch sind Kosten und Abgaben für die Prostituierte eher gering. In der Realität allerdings ist der Straßenstrich fast überall in Deutschland fest in der Hand von »Beschützern«, die bei den Frauen Standgelder zwischen 150 und 250 Mark pro Nacht kassieren und sowohl die Kleidung als auch die Arbeitszeit vorschreiben.˙

Weitere Nachteile: Für Hygiene kann im Auto logischerweise kaum gesorgt werden. Auch sind die Frauen gewalttätigen Freiern trotz der Überwachung durch Zuhälter oft schutzlos ausgeliefert. Immer wieder werden Prostituierte auf dem Straßenstrich überfallen, ausgeraubt, vergewaltigt oder entführt.

Diese Gefahr droht ganz besonders den oft sehr jungen Mädchen auf dem Drogenstrich. Weil sie wegen ihrer Sucht als kaum kontrollierbar gelten und außerdem viel Geld für sich selbst brauchen, haben rauschgiftabhängige Prostituierte nur in Ausnahmefällen einen Zuhälter und müssen daher die Brutalität von Freiern noch mehr fürchten. Die Preise auf dem Drogenstrich liegen meist leicht unter den entsprechenden Tarifen der »Profis«.

Der größte Straßenstrich für deutsche Freier liegt seit einigen Jahren im ehemaligen Ostblock: An der Europastraße 55 gleich hinter dem deutsch-tschechischen Grenzübergang Zinnwald stehen oft weit über 100 Frauen und warten auf Kundschaft aus dem nahen Deutschland. Auch hier ist der Preisunterschied zu deutschen Billigbordellen mit zehn bis 20 Mark keineswegs so groß, wie das Schlagwort von der »Dumping-Prostitution« vermuten läßt. Im deutsch-tschechischen Grenzgebiet wird der Straßenstrich ebenfalls weitgehend von Zuhältern kontrolliert, die auch die Mindestpreise festlegen.

Eros-Center – die Sex-Fabriken

Von wenigen Ausnahmen abgesehen, gibt es in fast jeder deutschen Großstadt ein Eros-Center. Die Behörden haben für diese Einrichtung das schmeichelhafte Wort »Dirnenwohnheim« kreiert. Die Frauen arbeiten dort in Zimmern, die sie für Tagesmieten zwischen

100 und 250 Mark nutzen dürfen. Hinzu kommen Abgaben für den Wirtschafter des Großbordells, die meistens zwischen 20 und 30 Mark liegen. Dies sind Fixkosten, die jeden Tag bezahlt werden müssen, unabhängig davon, wieviel Umsatz eine Prostituierte macht. Vor allem Ausländerinnen wohnen oft auch im Eros-Center.

Die Existenz eines Großbordells ist fast immer die Folge von Sperrgebietsverordnungen in einer Stadt. Wenn die Behörden Prostitution nur in wenigen Straßen erlauben, entsteht in dieser Gegend fast zwangsläufig ein »Dirnenwohnheim«. In Berlin hingegen, der einzigen deutschen Großstadt ohne Sperrbezirk, wurde auch nie ein Eros-Center eröffnet.

Einige Großbordelle haben einen zentralen Kontakthof, wo die Frauen auf ihre Freier warten. In anderen Häusern – wie etwa in den meisten Eros-Centern des Frankfurter Bahnhofsviertels – bleiben die Frauen vor oder in ihren Zimmern und harren dort der Kundschaft. Die Männer gehen durch die Flure der einzelnen Stockwerke und entscheiden sich bei einem Blick durch die geöffnete Tür für eine Prostituierte. In Städten wie Dortmund bieten sich die Frauen auf der Straße ihren Kunden an und nehmen sie bei Interesse mit auf ihr Zimmer.

Ähnlich wie auf dem Straßenstrich dauert auch im Großbordell das Zusammensein zwischen Freier und Frau selten länger als 15 oder 20 Minuten. Die Preise sind regional verschieden, beginnen jedoch beispielsweise in Frankfurt bei 60 Mark für »Französisch« und »Verkehr«. In süddeutschen Städten hingegen sind diese Dienstleistungen auch im Großbordell erst ab 100 Mark zu haben.

In der Mittagszeit und vor allem in den Abendstunden herrscht in den meisten Eros-Centern reges Kommen und Gehen. Wie auf dem Straßenstrich gibt es allerdings auch hier häufig die im Milieu wenig beliebten »Seibelfreier«, die es bei einer ausgiebigen Musterung der Frauen belassen. »Bei allen Vorbehalten dienen die Häuser zumindest der Volksgesundheit«, sagt Kriminalhauptkommissar Bernhard Kowalski, langjähriger Chef des Sittendezernats »K 13« in Frankfurt am Main. »Wenn die Ehefrau ihren Mann zu Hause fragt, ob er ein Glas Kompott aus dem Keller holen kann, ist die Bereitschaft zum Treppensteigen meist lange nicht so groß.«

Wohnungsbordell – stark im Kommen

In allen deutschen Großstädten gibt es Dutzende oder gar Hunderte von normalen Mietwohnungen, die zu einem kleinen Bordell umfunktioniert wurden. Seit den 70er Jahren hat diese Form der Prostitution stark zugenommen. Gelegentlich arbeitet eine Frau allein in ihrem eigenen oder einem extra dafür eingerichteten Apartment; meist jedoch bieten in einem Wohnungsbordell zumindest zwei oder drei Frauen ihre sexuellen Dienste an. Im Idealfall mieten sie die Räume gemeinsam, teilen die Kosten und arbeiten gleichberechtigt.

Häufiger allerdings gibt es einen Chef oder eine Chefin, die von den Frauen pro Kunde einen festgelegten Anteil erhält. Dieses »Stichgeld« beträgt meist die Hälfte des Freierlohns: Bei einem Tarif von 70 Mark für 20 Minuten Sex darf die Frau im Normalfall 35 Mark für sich behalten. Allerdings hat sie oft noch eine tägliche Abgabe für Zeitungsannoncen, Reinigung, Kondome oder auch Benutzung der Bettwäsche zu entrichten. Sie liegt zwischen 20 und 30 Mark. Ausländische Frauen, die häufig auch in dem Kleinbordell oder einer benachbarten Wohnung übernachten, müssen zudem einen – oft sehr hohen – Betrag für Unterbringung bezahlen und außerdem immense Schlepperschulden abarbeiten.

Anders als in den Großbordellen müssen sich die Prostituierten in Wohnungen fast immer an verbindliche Dienstpläne halten. Während eine Frau im Eros-Center und auf der Straße im – allerdings höchst selten erreichten – Idealfall als eine Art selbständige Unternehmerin ihre Dienstleistungen anbietet, gleicht das Arbeitsverhältnis in einem Apartment einer abhängigen Beschäftigung.

Ein weiterer Unterschied: Während sich die Adresse eines Großbordells oder des Freiluftstrichs von selbst herumspricht, muß für kleine Bordelle gezielt geworben werden.

Der Kontakt zwischen Frau und Freier kommt in Wohnungsbordellen auf unterschiedliche Weise zustande: Manchmal warten die Prostituierten in einer Art Wohnzimmer-Bar, wo der Kunde die Dame seiner Wahl zum gemeinsamen Gang in ein Séparée auffordert. Häufiger jedoch wird er in ein Zimmer mit Bett geführt, wo sich nacheinander mehrere Mädchen vorstellen.

Weiß der Eigentümer davon, daß eine Wohnung als Kleinbordell genutzt wird, verlangt er oft eine Monatsmiete zwischen 4000 und 8000 Mark. In allen deutschen Großstädten gibt es Hausverwaltungen, die Wohnungen gezielt an Prostituierte oder Zuhälter vermieten. Manchmal allerdings wird von den Betreibern eines Kleinbordells zunächst ein unauffälliger Strohmann eingeschaltet, der die Wohnung anmietet und anschließend einem Zuhälter oder einer Prostituierten zur Verfügung stellt.

In Hamburg vermietete ein Immobilienbesitzer 25 Wohnungen an insgesamt 40 Prostituierte. Pro Schicht verlangte er jeweils 100 Mark und erwirtschaftete so einen Tagesverdienst von 4000 Mark. Auf den Monat umgerechnet, lag die durchschnittliche Monatsmiete für die Einzimmerapartments bei rund 4800 Mark.[6] Ansonsten wäre für die Wohnungen höchstens eine Miete von 600 bis 1000 Mark zu erreichen gewesen.

Für Frauen, die in Wohnungen anschaffen, taucht in Diskussionen und offiziellen Schriften immer wieder die Bezeichnung »Hausfrauen-Prostitution« auf – ein eher irreführender Begriff, denn »es klingeln nicht unvermittelt bei Hausfrauen fremde Männer, die sexuelle Dienstleistungen suchen«, wie Cora Molloy vom Frankfurter Prostituiertenprojekt »HWG« treffend feststellt.[7] Will eine Frau mit Sex Geld verdienen, muß sie sich für einen entsprechenden Arbeitsplatz entscheiden. »Tut sie das«, so Cora Molloy, »ist sie eine Prostituierte, auch wenn sie vielleicht nebenbei einen Haushalt führt, tagsüber in der Stadtverwaltung arbeitet oder nachts in der Oper singt.«

Sex-Kino – »Handentspannung« vor der Leinwand

Im Sex-Kino bezahlt jeder Besucher zunächst zehn bis 15 Mark Eintritt. Die Preise für Sex liegen allerdings oft noch unter den Tarifen in einer Wohnung oder einem Eros-Center. Eine sogenannte »Handentspannung« ist in vielen Porno-Kinos schon ab 20 Mark zu haben. Anders als das umsatzabhängige »Stichgeld« im Kleinbordell müssen die Prostituierten im Sex-Kino meist pro Schicht eine feste

Abgabe zahlen, im Normalfall zwischen 100 und 150 Mark. Was sie darüber hinaus verdienen, können sie für sich behalten. Wie für die Kleinbordelle wird auch für ein Porno-Kino in Boulevardzeitungen und Sex-Magazinen geworben.

Die offiziell als »Platzanweiserinnen« angestellten Frauen müssen sich fast immer an feste Einsatzpläne halten und warten im Zuschauerraum auf ihre Kundschaft. Oft werden im Sex-Kino auch Getränke angeboten, an deren Umsatz die Frauen beteiligt werden. In den meisten Kinos dieser Art müssen sich die Freier mit einer Prostituierten nicht unbedingt ins Séparée bemühen, sondern können einige Dienstleistungen – wie etwa »Französisch« oder eine »Handentspannung« – auch vor der Leinwand in Anspruch nehmen.

Club – »Zuerst stundenlang geredet«

Zu den typischen Merkmalen zumindest der teuren Sex-Clubs gehört es, daß »zum Auftakt stundenlang geredet wird«, wie die Hydra-Mitarbeiterin Monika Hofmann sagt. »Da haben die Frauen am Abend ein, zwei Kunden, mehr nicht.«[8] Häufig belassen es die Besucher auch bei einem Gespräch an der Bar. Damit sich das Geschäft für die Prostituierten trotzdem lohnt, werden sie – meist mit einem Anteil zwischen 30 und 50 Prozent – am Getränkeumsatz beteiligt.

Die Frauen müssen bereit und in der Lage sein, auch selbst größere Mengen Alkohol zu trinken, denn sie haben selbstverständlich vor allem ein finanzielles Interesse daran, daß ein Mann mit ihnen möglichst viele Flaschen Champagner leert. Vor allem in teuren Clubs wird Sex oft über die Getränkerechnung bezahlt: So gilt in vielen Lokalen die Regelung, daß der Freier eine Flasche Sekt für mindestens 200 Mark bestellen muß, wenn er sich mit einem Mädchen ins Séparée zurückziehen will. Die Frau erhält von dieser Summe ein Drittel bis die Hälfte, also zwischen 70 und 100 Mark. In manchen Clubs wird nach Überschreiten der vereinbarten Zeit – meist einer halben Stunde – automatisch eine weitere Flasche Sekt oder Champagner auf die Rechnung gesetzt. Gerade in solchen Lokalen haben die Frauen oft ein gesteigertes Interesse daran, den

sexuellen oder sonstigen Kontakt mit dem Freier möglichst auszu-
dehnen – die kostspielige Überraschung kommt für den Kunden
schließlich erst am Ende. Anderswo wird das Geld für sexuelle
Dienstleistungen im voraus direkt an die Prostituierte bezahlt, die
dann wiederum das »Stichgeld« an den Betreiber des Lokals abführt.

Wieviel die Frau für sich selbst behalten darf, ist jeweils unterschiedlich geregelt; der Anteil für die Prostituierte schwankt zwischen 30 und 70 Prozent. Die Preise für »Französisch« und »Verkehr«
liegen in fast allen Clubs bei mindestens 100 Mark, sind jedoch oft
auch noch wesentlich höher. Ähnlich wie im Sex-Kino oder Kleinbordell müssen sich die Frauen in einem Club fast immer an Dienstpläne
halten – der Betreiber hat schließlich ein Interesse daran, daß für die
Gäste zu jeder Zeit genügend Frauen zur Verfügung stehen.

Callgirls – Bestellung am Telefon

Wie der Name Callgirl bereits andeutet, stammt diese Form von
käuflichem Sex ursprünglich aus den USA. Haus- und Hotelbesuche
sind die persönlichste Art der Prostitution: Zumindest von den äuße-
ren Umständen her ähnelt der Kontakt zwischen Frau und Freier
sonstigen sexuellen Begegnungen zwischen zwei Partnern – nur mit
dem Unterschied, daß zuvor einige Geldscheine gezückt werden. Die
Frauen inserieren in Boulevardzeitungen, Stadtmagazinen und Sex-
Heften, wo sie als Kontaktmöglichkeit eine Telefonnummer ange-
ben. Der Kunde ruft dort an und bestellt eine Prostituierte, die im
Regelfall eine Stunde bei ihm bleibt. Wenn er kein Stammfreier ist,
weiß er vor dem Besuch nicht, wie die Frau aussieht, und muß sich
auf eine meist vage Beschreibung am Telefon verlassen.

Anders als im Bordell, Club, Kino oder auf dem Straßenstrich
müssen die Männer bei einem Hausbesuch bereit sein, ihre Anonymität preiszugeben – ein Umstand, den sich gelegentlich die Stasi
zunutze machte: Im Sommer 1993 verurteilte das Berliner Kammer-
gericht eine ehemalige Prostituierte aus dem Westteil der Stadt zu
einer Bewährungsstrafe, weil sie als Luxus-Callgirl die Adressen und
sexuellen Vorlieben ihrer Freier jahrelang gegen Bezahlung an den

DDR-Geheimdienst weitergeleitet hatte. Ob Geheimnisträger oder Prominente darunter waren, ist nicht bekannt.

Die Preise eines Callgirls beginnen bei 100 Mark, wobei in der Regel das Standardprogramm eingeschlossen ist: Fellatio (»Französisch«) und Koitus (»Verkehr«). Zusätzlich muß der Kunde allerdings auch noch die An- und Abfahrt zahlen, meist zwischen 30 und 40 Mark. Manche Callgirl-Ringe nehmen allerdings wesentlich höhere Preise: So kostet etwa bei der Hamburger Agentur »Pretty Women« ein zweistündiger Besuch 450 Mark. Zwei Drittel – also 300 Mark – darf die Frau behalten, 150 Mark gehen an die Chefin.[9] Die Inhaber sind nicht allein auf Werbung angewiesen: Oft verfügen die Portiers in teuren Hotels über entsprechende Adressen und erhalten für ihre Vermittlung einen Anteil von 50 oder 80 Mark.

In kaum einem anderen Bereich können Prostituierte – zumindest theoretisch – so unabhängig und selbständig arbeiten wie als Callgirls. Es reicht, regelmäßig ein Inserat aufzugeben und auf die Anrufe der Freier zu warten. Wer gute Kontakte hat, kann auf diese Form der Werbung sogar ganz verzichten.

Allerdings arbeiten vor allem ausländische Prostituierte in Deutschland fast immer in einem Callgirl-Ring, der die Anzeigen schaltet, Anrufe entgegennimmt, Besuchszeiten einteilt und für die Frauen zumeist auch eine Unterkunft stellt. Wegen der ständigen Gefahr von Polizeikontrollen in Bordellen weichen in Deutschland vor allem Osteuropäerinnen zunehmend auf diese Form der Prostitution aus. Gerade in Berliner und Hamburger Boulevardzeitungen bieten täglich Dutzende von Frauen aus ehemaligen Ostblockländern »Haus- und Hotelbesuche« an. Polizeiexperten gehen davon aus, daß sie im Durchschnitt zwischen 30 Prozent des Freierlohns für sich selbst behalten können – bei 100 Mark pro einstündigem Hausbesuch also 30 Mark. Von diesen Einnahmen müssen oft noch Schlepperkosten abgearbeitet werden.

Escort-Service – Prostitution de luxe

Die zumindest finanziell anspruchsvollste Form der Prostitution ist der Begleit- oder Escort-Service durch ein Callgirl. Der Freier bestellt eine Frau gleich für mehrere Stunden oder Tage, geht mit ihr aus oder nimmt sie sogar auf eine Reise mit. Der sexuelle Kontakt steht zwar nicht im Vordergrund, bildet jedoch – ähnlich wie im luxuriösen Club – die unverzichtbare Geschäftsgrundlage. Die Preise gehören zu den höchsten im Sex-Geschäft: Ein Callgirl, mit dem sich auch gepflegt über Kunst und Kultur plaudern läßt, ist kaum unter 1000 Mark pro Abend zu haben.

Die Umsätze bei dieser Art von Prostitution können schnell fünfstellige Beträge erreichen, vor allem wenn eine Frau für ein Wochenende oder sogar länger mit einem Mann zusammenbleibt; teure Geschenke gibt es zuweilen noch als Extras dazu. »Wenn ich die Suite betrete, gebe ich mich distanziert, plaudere gepflegt, überlasse ihm die Verführerrolle. Ich spiele die Romantische, Zärtliche. Sonst mache ich wenig«, berichtet das Edel-Callgirl Leah von ihren Geschäftsprinzipien. »Je höher dein Preis, desto weniger tust du im Bett.«[10] Die Escort-Huren werden zumeist von Agenturen vermittelt.

Während für einstündige Hausbesuche in Boulevardzeitungen oder Sex-Magazinen geworben wird, finden sich die Anzeigen der teuren Callgirl-Ringe unter der Rubrik »Escorts & Guides« selbst in der renommierten »International Herald Tribune«.

Domina-Studio – anything goes

Während bei fast allen anderen Formen der Prostitution vorwiegend »Französisch« und »Verkehr« angeboten werden, haben sich »Domina-Studios« auf sadomasochistische Sex-Dienste spezialisiert. Die Palette der Praktiken ist unüberschaubar; psychische Erniedrigungen spielen in diesem Zweig des Sex-Business eine mindestens ebenso wichtige Rolle wie körperliche Gewalt.

Viele Huren über 30 spezialisieren sich auf Domina-Dienste, denn das Alter einer Frau hat dabei eine wesentlich geringere Bedeutung als bei anderen Formen der Prostitution. Während vor allem auf dem Straßenstrich und in Großbordellen nur Frauen bis zum Alter von 25 Jahren hohe Umsätze machen, kann eine Domina auch noch jenseits der 40 viel Geld verdienen. Zahlreiche Prostituierte schwenken daher irgendwann in ihrem Berufsleben auf Sado/Maso-Sex um.

»Als Stiefelfrau verdienst du dein Geld auch noch mit 60, wenn du dich einigermaßen zurechtmachst«, berichtet die ehemalige Domina Geli im »Nachtexpress«, der Zeitschrift des Berliner Prostituiertenprojekts Hydra.[11] »Bei Stiefelfrauen gibt es kein Alterslimit – nur bei der einfachen Fickerei, da bist du jetzt schon mit 30 eine Olle und zählst zum alten Eisen.«

Der Standardpreis für eine Stunde S/M-Behandlung liegt in Deutschland bei 300 Mark; ein Kurzprogramm ist vielerorts auch schon für 100 Mark zu haben. Grundsätzlich liegen die Preise der Domina-Studios über den Tarifen von Bordellen oder gar des Straßenstrichs. Im Hamburger »Studio de Sade« etwa muß ein Gast 1000 Mark zahlen; dafür kann er sich in dem aufwendig ausgestatteten »Folterkeller« beliebig lange mit einer Domina oder Sklavia vergnügen. Die Frau erhält von dem Preis 300 Mark.

Die meisten Domina-Studios ähneln den Klein- und Wohnungsbordellen: Eine oder mehrere Frauen bieten in einer umgebauten Privatwohnung ihre Sex-Dienste an. Die Grundinvestition für ein Domina-Studio liegt allerdings wesentlich höher, denn die Einrichtung eines Sado/Maso-Raums kostet zwischen 20 000 und 30 000 Mark. Einen meist vierstelligen Betrag verschlingen zudem die teuren Leder- und Gummianzüge, ohne die S/M-Prostituierte kaum auskommen. Wie für Kleinbordelle oder Sex-Clubs muß auch für Domina-Studios gezielt über Anzeigen geworben werden.

Telefonsex – akustische Illusionen

Bei dieser Form der Prostitution gibt es keinen körperlichen Kontakt zwischen der Frau und ihrem Kunden. Das Angebot beschränkt sich ausschließlich auf ein sexuelles Gespräch am Telefon, bei dem der Freier in Phantasien schwelgen und sich zugleich selbst befriedigen kann. Die meisten Kunden suchen offenbar die »Illusion der Versautheit«, wie die Telefonhosteß Karin – im Hauptberuf Sachbearbeiterin bei Daimler-Benz – als Gast einer Talk-Show berichtete. Anders als bei fast allen anderen Formen der Prostitution gibt es beim Telefonsex in der Regel keine fest vereinbarte Zeitbegrenzung. Die Hobbyhosteß Karin berichtete allerdings, daß die meisten Kunden »bereits nach fünf Minuten fertig sind«.

Werbung ist für diesen Zweig des Gewerbes unverzichtbar; die Frauen oder Agenturen inserieren in Sex-Magazinen, Boulevard- oder Stadtzeitungen als »Telefonhostessen« und offerieren ihren Kunden »tabulose Gespräche«. Die weitaus meisten Anzeigen für diese Form der Prostitution finden sich – oft noch garniert mit einem Nacktfoto der Frau – im Magazin »Happy Weekend«, der führenden Sex-Postille Deutschlands.

Recht kompliziert ist beim Telefonsex die Bezahlung: Manchmal hat die Frau einen Mitarbeiter, der die vereinbarte Summe vor dem Telefongespräch abholt. Häufiger jedoch wird bei dem ersten Anruf zunächst ein Termin vereinbart, an dem das Gespräch stattfinden soll. In der Zwischenzeit muß der Interessent das vereinbarte Honorar – meist 50 oder 60 Mark für eine Unterhaltung – entweder auf ein Konto überweisen oder mit einem Scheck zuschicken. Ist das Geld eingetroffen, ruft die Frau ihren Kunden an und führt mit ihm ein »tabuloses Gespräch«, bei dem es für Themen, Beschreibungen und Vokabeln in der Regel keinerlei Grenzen gibt. Wie beim Callgirl-Service muß auch bei dieser Form der Prostitution der Freier bereit sein, mit der Telefonnummer zumindest einen Teil seiner Anonymität preiszugeben.

Für die Frau ist es ein nicht zu unterschätzender Vorteil, daß sie beim Telefonsex mit dem Rotlichtmilieu keinerlei Berührungspunkte hat. Während sie auf die Anrufe von Freiern wartet, kann sie zu Hause Hemden bügeln, fernsehen oder ein Buch lesen. Auch bietet sich diese Art der Prostitution gut als Nebentätigkeit an – nach dem Motto: tagsüber seriöse Studentin, Sekretärin oder Sachbearbeiterin, abends und nachts tabulose Telefonhosteß.

Die Größenordnung dieses Gewerbezweigs läßt sich jedenfalls nur schwer schätzen. In den Boulevardzeitungen großer deutscher

Städte findet sich täglich rund ein Dutzend entsprechender Inserate. Im »Happy Weekend«, das in ganz Deutschland erscheint, werden pro Ausgabe mehr als 100 Anzeigen veröffentlicht.

Neben den Formen organisierter Prostitution gibt es natürlich eine Vielzahl sexueller Kontakte, bei denen – zumindest für einen der Partner – nicht das emotionale Bedürfnis, sondern materielle oder berufliche Interessen im Vordergrund stehen. Manche Wissenschaftler oder Hurengruppen meinen gar, in solchen Ehen oder festen Beziehungen, wo das Einkommen der Partner ungleich verteilt ist, Elemente von Prostitution zu erkennen – doch ist dies eher ein Thema für Sozio- oder Psychologen.

Pro Woche 32 Freier

Wie viele Frauen in Deutschland mit Sex Geld verdienen, kann nur geschätzt werden. Noch schwieriger ist freilich die Frage zu beantworten, wie groß die Zahl ihrer Kunden ist. Die Angaben gehen weit auseinander: So kam das Bonner Familienministerium 1987 in einer Studie zu dem Ergebnis, daß innerhalb von fünf Jahren nur rund zehn Prozent aller deutschen Männer mindestens einmal eine Prostituierte besuchten.[12] Als hingegen die »Bundeszentrale für gesundheitliche Aufklärung« 2000 repräsentativ ausgewählte Männer befragte, gaben rund 25 Prozent an, im Jahr zuvor zumindest einmal bei einer Prostituierten gewesen zu sein. Sechs Prozent der Befragten sagten, daß sie im vergangenen Monat für wenigstens einen sexuellen Kontakt Geld bezahlt hatten. Und die Hurengruppe Hydra behauptet sogar, daß drei Viertel aller Männer in Deutschland Freier sind[13] – ohne allerdings näher zu erläutern, wer wann wo und wie oft für Sex Geld bezahlt.

Ähnlich wie über Prostituierte gibt es auch über ihre Kunden nur wenige wissenschaftliche Arbeiten. Doch selbst wenn sich Forscher diesem Thema widmen, können sie auf Vermutungen und Hochrechnungen kaum verzichten. Die Soziologen Dieter Kleiber und Doris Velten, die im Auftrag des Bonner Gesundheitsministeriums die »Charakteristika von Besuchern weiblicher Prostituierter« unter-

Preise für sexuelle Dienstleistungen
(am Beispiel Berlin)

I. Wohnungsbordelle
Französisch / Verkehr, 20 Minuten: 70 DM
Französisch / Verkehr, 30 Minuten: 100 DM

II. Autostrich
Französisch im Auto: 40 DM
Französisch / Verkehr im Auto: 70 DM
Französisch / Verkehr in Pension: 130 DM

III. Drogenstrich
Französisch im Auto: 40 DM
Französisch / Verkehr im Auto: 60 DM
Französisch / Verkehr in Pension: 90 DM

IV. Sex-Kinos
»Handentspannung« (im Sessel):   20 DM
Französisch (im Sessel):   40 DM
Französisch / Verkehr (im Separée):   50 DM
                                        (jeweils plus 10 DM Eintritt)

V. Callgirls (Haus- und Hotelbesuche)
Französisch / Verkehr, 60 Minuten: 100 DM
                                      (plus 30–40 DM für Anfahrt)

VI. Luxusclubs
Französisch / Verkehr: ab 200 DM
                                        (teilw. deutlich höher)

VII. Domina-Studios
Kurzprogramm: ab 100 DM
60 Minuten: 300 DM
                                        (teilw. deutlich höher)

VIII. Telefonsex
20 Minuten: 50 – 60 DM

suchten, kommen zu dem Ergebnis, daß in Deutschland rund 18 Prozent der »geschlechtsaktiven« Männer gelegentlich oder regelmäßig eine Prostituierte besuchen. Hochrechnungen für Städte wie Hamburg, Berlin oder Frankfurt lassen allerdings vermuten, daß der Anteil dort um einiges höher liegt. Für die alte Bundesrepublik ergibt sich nach mehreren wissenschaftlichen Schätzungen eine Zahl von mindestens 4,5 Millionen Freiern.[14] In den neuen Bundesländern ist es ein typisches Merkmal von Prostitution, daß es zahlreiche, oft illegal betriebene Sex-Clubs in Dörfern oder Kleinstädten gibt. Verläßliche Zahlenangaben sind daher noch schwieriger zu ermitteln als im Westen der Bundesrepublik, doch wahrscheinlich nehmen auch in der ehemaligen DDR mindestens eine Million Männer in wechselnden Abständen die Dienste einer Prostituierten in Anspruch.

Eine weitere Untersuchung der Freien Universität Berlin kommt zu dem Ergebnis, daß eine Prostituierte im Durchschnitt pro Woche 32 Freier bedient.[15] Bei einer Zahl von 60 000 Prostituierten ergeben sich danach in Deutschland pro Tag rund 270 000 sexuelle Kontakte gegen Bezahlung. Schätzungen dieser Art basieren auf Rechnungen mit einigen Unbekannten – doch sie lassen zumindest die Größenordnung ahnen.

»Französisch« ist gefragt

Durch Anzeigen in Tageszeitungen, Stadtmagazinen und der Sex-Postille »Happy Weekend« gelang es den beiden Wissenschaftlern Doris Velten und Dieter Kleiber, zu rund 600 Freiern Kontakt aufzunehmen und sie ausführlich nach ihren sexuellen Vorlieben zu befragen. Ergebnis ihrer Untersuchung: Neben dem klassischen Koitus (»Verkehr«) ist bei Freiern vor allem Fellatio (»Französisch«) gefragt. Der Wunsch nach Oralverkehr scheint bei vielen Männern ein wichtiges sexuelles Motiv für den Besuch bei einer Prostituierten zu sein. Während es in 78 Prozent der Fälle beim Kontakt mit einer Prostituierten zum Koitus kam, ließen sich knapp 71 Prozent der Kunden zusätzlich – oder auch ausschließlich – oral bedienen.

Sexualpraktiken mit Partnerinnen und Prostituierten		
Praktik	Immer / oft mit Prostituierten	Immer / oft mit Partnerin
Koitus	78,1 %	87,4 %
Petting	60,0 %	64,4 %
Fellatio	70,9 %	48,1 %
Cunnilingus	29,9 %	55,9 %
Analverkehr	9,6 %	2,9 %
Sado/Maso-Sex	17,6 %	2,5 %
Gruppensex	5,1 %	0,9 %

Quelle: Kleiber/Velten

Zwischen verheirateten Paaren oder in anderen Partnerschaften wird Fellatio nach den Ergebnissen der Studie nur bei rund 48 Prozent aller sexuellen Kontakte praktiziert. In Partnerschaften scheint »tendenziell eine Koitusfixierung zu bestehen«[16], wie sich die beiden Wissenschaftler ausdrücken: So gaben fast 90 Prozent der befragten Freier an, daß es bei ihren sexuellen Kontakten mit Ehefrau oder Freundin »immer« oder »häufig« zum herkömmlichen Geschlechtsverkehr kommt. »Nicht penetrationsgebundene Formen des Liebesspiels«, so die Wissenschaftler, »kamen deutlich seltener vor.« Wie auch die Hydra-Frau Helga in einem »Spiegel«-Gespräch andeutete, scheint Fellatio eine der wichtigsten sexuellen Dienstleistungen einer Prostituierten zu sein: »Französisch, Verkehr und eine Handentspannung sollte sie können«, empfiehlt Helga einer potentiellen Neueinsteigerin.[17] Offen lassen allerdings sowohl die Hydra-Frauen als auch die Wissenschaftler, ob mit Prostituierten genauso häufig wie mit Ehefrauen der »Coitus Germanicus Simplex« – auch »Missionarsstellung« genannt – praktiziert wird oder ob es gegen Bezahlung mehr Abwechslung gibt.

Bekannt ist hingegen, daß beim käuflichen Sex der Cunnilingus eine geringere Rolle spielt: Diese Praktik wird von den befragten Männern bei Prostituierten mit 29,9 Prozent nur halb so häufig angewandt wie bei Frau oder Freundin (55,9 Prozent). Beim Oralverkehr gibt es demnach die größten Unterschiede zwischen Sex mit und ohne Entgelt: Während in einer Beziehung meist der Mann mit dem Mund aktiv wird, ist es bei Prostituierten genau umgekehrt.

Es gibt noch einen weiteren, allerdings wenig überraschenden Unterschied: Sado/Maso-Sex wird im Bordell oder Club wesentlich häufiger praktiziert als im Schlafzimmer zu Hause: 17,6 Prozent der befragten Freier gaben an, daß psychische oder physische Gewalt bei ihren sexuellen Kontakten mit Prostituierten immer oder häufig eine Rolle spielt. Bei Partnerinnen liegt diese Quote hingegen nur bei mageren 2,5 Prozent.

Die meisten Männer gehen direkt nach der Arbeit oder am Abend zu einer Prostituierten; der Anteil von nächtlichen Besuchen liegt erstaunlicherweise nur bei 16 Prozent. Eine Ausnahme machen allerdings türkische Freier: Sie bevorzugen nach eigenen Angaben die Stunden vor und nach Mitternacht zum Besuch bei einer Prostituierten.

Das Zusammensein mit einer Prostituierten dauert meist zwischen 20 Minuten und einer Stunde. Daß über ein Fünftel der befragten Freier sagten, zuletzt mehr als 60 Minuten mit einer Hure zusammengeblieben zu sein, dürfte auf den »hohen Anteil der Anzeigen-

Tageszeit des sexuellen Kontakts	
vormittags	9,4 %
Mittagspause	4,4 %
nachmittags	35,9 %
abends	34,2 %
nachts	16,1 %

Quelle: Kleiber/Velten

Dauer des Zusammenseins	
wenige Minuten	9,4 %
15 – 30 Minuten	36,2 %
ca. 60 Minuten	33,2 %
länger als 60 Minuten	21,2 %

Quelle: Kleiber/Velten

und Luxusprostitution in unserer Stichprobe« zurückzuführen sein, wie die Wissenschaftler selbst einräumen.[18] Doch selbst bei dieser Gruppe gaben über 45 Prozent der Männer an, daß der Kontakt zu der Prostituierten nicht länger als 30 Minuten gedauert habe.

Über 43 Prozent der befragten Freier waren beim ersten sexuellen Kontakt mit einer Prostituierten jünger als 20 Jahre. Bei etwa der Hälfte fand die Premiere im Alter zwischen 20 und 30 Jahren statt; im Durchschnitt waren die befragten Männer 22 Jahre alt, als sie zum erstenmal für Sex Geld bezahlten.

Rund 50 Prozent der Freier waren nach eigenen Angaben bis zu zwanzigmal Kunde einer Hure, rund ein Viertel sogar schon über hundertmal. Bei den Männern, die regelmäßig Sex mit einer Prostituierten haben, beträgt der durchschnittliche Abstand zwischen zwei Kontakten drei Wochen.

Anzahl der sexuellen Kontakte mit Prostituierten	
bis 20 ×	51,0 %
bis 50 ×	10,4 %
bis 100 ×	13,9 %
über 100 ×	24,7 %

Quelle: Kleiber/Velten

III. Rechtslagen

Käuflicher Sex ist eine Realität in Deutschland und wird es immer bleiben – doch der Staat windet und ziert sich: Prostitution ist zwar nicht verboten, gilt aber als »sittenwidriges« Gewerbe, das nach der noch immer gültigen Definition des Reichsgerichts von 1901 dem »Anstandsgefühl aller billig und gerecht Denkenden« widerspricht. Was und wer dies sein soll, war schon zu Kaisers Zeiten genauso wenig klar wie heute. Die schätzungsweise vier bis fünf Millionen Männer, die in Deutschland – damals wie heute – mehr oder weniger regelmäßig die Dienste einer Prostituierten in Anspruch nehmen, können wohl kaum gemeint sein.

Bereits Ende des vergangenen Jahrhunderts bezeichnete der legendäre SPD-Führer August Bebel die Prostitution als »notwendige soziale Institution für die bürgerliche Gesellschaft, ebenso wie Polizei, stehendes Heer, Kirche und Unternehmerschaft«[1] – wobei der Sozialist Bebel die bürgerliche Gesellschaft natürlich abschaffen wollte. Wie kaum ein anderer prominenter Politiker in Deutschland hat er sich mit den Ursachen und Auswirkungen der Prostitution befaßt – was wohl auch ein Grund dafür gewesen sein mag, daß sein immer wieder aufgelegtes Buch »Die Frau und der Sozialismus« zum meistgelesenen Werk der deutschen Arbeiterbewegung wurde, weit vor den Werken von Marx und Engels.

Doch auch Bebels ausgiebige Beschäftigung mit dem Thema änderte nichts daran, daß 100 Jahre später das Sex-Gewerbe noch immer als »sittenwidrig« gilt. Vor allem der mächtige Bundesgerichtshof (BGH) in Karlsruhe, an dessen Entscheidungen sich alle Amts- und Landgerichte in Deutschland halten müssen, hat mit seinen Urteilen diese Auffassung zementiert. Der moralische Bannstrahl aller »billig und gerecht Denkenden« – auch die Bundesregierung bezieht sich beim Thema Prostitution noch immer auf diese eigentümliche Formulierung[2] – hat weitreichende Folgen: Er verhindert, daß Prostituierte die gleichen Rechte haben wie andere Erwerbstätige. Weder können Huren ihren Lohn einklagen, noch können sie normale Arbeitsverträge schließen.

Vor einigen Jahren haben die Karlsruher BGH-Richter sogar entschieden, daß eine Prostituierte von ihrem Freier ganz legal um die vorher vereinbarte Bezahlung geprellt werden darf.[3] Allerdings kann auch der Freier nicht sein Geld zurückverlangen, wenn die Frau sich verweigert.

»Es ist unbestritten, daß die Ausübung der Prostitution nicht als Gewerbe im gewerberechtlichen Sinne angesehen werden kann, da sie eine sozial unwertige Tätigkeit darstellt«, antwortete die Bundesregierung noch 1993 im Brustton voller moralischer Überzeugung auf eine parlamentarische Anfrage zum Thema. Und weiter: »Die Prostitution ist zwar weder verboten noch strafbar, wird jedoch überwiegend als Verstoß gegen die auf dem Gebiet der Sittlichkeit und Sexualität geltenden Grundsätze des menschlichen Zusammenlebens gewertet.« Daher steht dieser Wirtschaftszweig nach Ansicht der Bonner Regierung »von vornherein außerhalb der Freiheitsverbürgung« des Grundgesetzes.[4]

Wenn es um sein eigenes Geld geht, ist der Staat allerdings weniger streng, denn trotz der »Sittenwidrigkeit« müssen Prostituierte – zumindest theoretisch – Einkommensteuer zahlen. In der Realität allerdings dürfte es kaum eine Hure geben, die ihren Verdienst korrekt dem Finanzamt meldet. Wird eine Frau vom Fiskus ausfindig gemacht, wird ihr Verdienst geschätzt – nach Kriterien, die meist völlig willkürlich sind. Rechnungen und Quittungen, mit denen die Angaben überprüft werden könnten, liegen schließlich nur in den seltensten Fällen vor. Die vermuteten Umsätze sind allerdings nicht als Einnahmen aus selbständiger Arbeit oder aus einem Gewerbebetrieb, sondern in der Rubrik »sonstige Einkünfte« zu versteuern. Begründung des Bundesfinanzhofes: Prostitution sei schließlich nur das »Zerrbild eines Gewerbes«.[5]

Je schlimmer, desto legaler

Eine nur schwer überschaubare Fülle von Gesetzen, Verordnungen und Gerichtsentscheidungen hat Einfluß auf die Arbeitsbedingungen von Prostituierten. Jeder gilt als kriminell, der – so die geschraubte Sprache des Strafgesetzbuches – »seines Vermögensvorteils wegen einen anderen bei der Prostitution überwacht, Ort, Zeit, Ausmaß oder andere Umstände der Prostitutionsausübung bestimmt oder Maßnahmen trifft, die den anderen davon abhalten sollen, die Prostitution aufzugeben«. Auch ist es illegal, den käuflichen Sex durch »Handlungen« zu fördern, »welche über das bloße Gewähren von Wohnung, Unterkunft und Aufenthalt oder die damit üblicherweise verbundenen Nebenleistungen hinausgehen«. Handtücher und Bettwäsche dürfen demnach von einem Bordellbetreiber gestellt werden, Kondome groteskerweise nicht. Als das damals fortschrittliche Gesetz – zuvor stand die Vermittlung aller sexuellen Kontakte außerhalb der Ehe unter Strafe – 1973 im Bundestag verabschiedet wurde und den alten »Kuppelei«-Paragraphen ersetzte, vertrat die damalige SPD/FDP-Regierung den Standpunkt, »daß die Prostitution für denjenigen, der sie ausübt, ein soziales Übel ist«[6]. Das Gewerbe sollte zwar nicht verboten sein, doch zugleich in keiner Weise unterstützt werden.

Das wohl folgenschwerste Grundsatzurteil zu diesem Gesetz fällte 1985 wiederum der sittenstrenge Bundesgerichtshof in Karlsruhe: Nach dieser Entscheidung macht sich ein Bordellbetreiber gerade dann wegen Förderung der Prostitution strafbar, wenn er in einem Sex-Club für eine »gehobene und diskrete Atmosphäre« sorgt und den Frauen besonders günstige Arbeitsbedingungen bietet.[7] Grund für diese merkwürdige Entscheidung: Die meist in Ehren ergrauten Karlsruher Bundesrichter meinten, daß Prostituierte durch ein angenehmes Ambiente und gute Verdienstmöglichkeiten keine Motivation zum Berufswechsel hätten und deshalb immer tiefer in das »sittenwidrige Gewerbe« verstrickt würden, das schließlich dem »Anstandsgefühl aller billig und gerecht Denkenden« widerspricht. Entscheidend für die Strafbarkeit sei die Frage, »ob der Gesamtzustand des Betriebes geeignet ist, die Dirnen in der Prostitution festzuhalten und sie noch enger an diese zu binden«[8]. Der Vergleich drängt sich auf zu den im Milieu wohlbekannten und meist belächelten »Samariter-Freiern«, die bei ihren Besuchen im Puff eine Frau mit einfühlsamen Worten zum Ausstieg überreden wollen: »Was macht denn so ein nettes Mädchen wie du hier . . . ?«

Die Rechtsprechung des BGH hat allerdings weit nachhaltigere Folgen: Während ein schmuddeliges Großbordell, in dem die Frauen für winzige Zimmer horrende Tagesmieten zahlen müssen, als legal gilt, kommt der Betreiber eines gepflegten Sex-Clubs, in dem die Prostituierten fair behandelt werden, mit dem Gesetz in Konflikt. »Man kann den Schluß ziehen: je unwürdiger die Arbeitsbedingungen, desto legaler die Bordelle«, sagt die Hamburger Rechtsanwältin Gisela Frederking. Nicht nur sie bezweifelt, daß Frauen durch ein unangenehmes Umfeld zum Aufhören bewegt werden: »Im Gegenteil, je entwürdigender und rechtloser die Bedingungen sind, unter denen die Prostituierten arbeiten müssen, desto stärker wird ihr Selbstwertgefühl geschwächt – und das ist jedenfalls eine schlechte Vorbedingung für den Ausstieg.«[9] Auch Polizeiexperten wie der Frankfurter Kriminalkommissar und Milieuexperte Bernhard Kowalski halten die gegenwärtige Rechtsprechung für »eher wirklichkeitsfremd«.

Das Strafgesetzbuch und die entsprechenden Gerichtsurteile führen auch dazu, daß Huren mit einem Bordellbetreiber keine Arbeitsverträge schließen können. Denn Merkmal von solchen Verträgen ist es ja gerade, daß zwischen einem Betrieb und den Angestellten »Ort, Zeit, Ausmaß oder andere Umstände« der Arbeit festgelegt werden. Was in fast allen Berufen selbstverständlich ist, wird bei der Prostitution mit einer Gefängnisstrafe zwischen sechs Monaten und fünf Jahren bedroht.

Mit jeder schriftlichen Abmachung oder einem Dienstplan macht sich der Chef oder die Chefin eines Sex-Clubs sofort wegen Zuhälterei oder Förderung der Prostitution strafbar. Die Situation hat zur Folge, daß es natürlich trotzdem mündliche Vorschriften und Absprachen gibt, die Frauen jedoch auf die soziale Sicherheit eines regulären Arbeitsvertrags verzichten müssen: Sie haben keinen Kündigungsschutz, die Arbeitszeitordnung gilt nicht, und es gibt weder eine Lohnfortzahlung im Krankheitsfall noch bezahlten Urlaub.

»Ein gewisser Anstrich der Ehrbarkeit...«

Große Probleme haben viele Prostituierte auch mit den Sozialver-
sicherungen und der Altersversorgung. Kenner des Milieus räumen
allerdings ein, daß die mangelnde Absicherung auch häufig an den
Frauen selbst liegt und nicht nur auf die unbefriedigende Rechtslage
zurückzuführen ist. »Gerade die Aussicht auf schnelles Geld macht
für viele Frauen den besonderen Reiz dieses Berufs aus«, sagt auch
Hydra-Mitarbeiterin Monika Hofmann. »An später wird nur selten
gedacht.«

Allerdings weigerte sich der Karlruher BGH, einer Prostituierten
nach einem unverschuldeten Unfall ihren Verdienstausfall anzu-
erkennen; schließlich erziele sie ihr Einkommen auf »sittenwidrige«
Weise. Die Richter entschieden, daß ihr der schuldige Autofahrer
nur einen Schadenersatz in Höhe des Existenzminimums zahlen
muß – mit der juristischen Begründung, daß die Frau sonst über die
Sozialhilfe dem Staat zur Last falle.

Obwohl Callgirl-Ringe, die einzelnen Frauen Haus- und Hotelbesuche vermitteln, oft sehr faire Arbeitsbedingungen bieten, stehen
auch sie unter Strafe: Denn wer nach den Worten des Gesetzbuches
»gewerbsmäßig die Prostitutionsausübung eines anderen durch Vermittlung sexuellen Verkehrs fördert« und deshalb »Beziehungen zu
dem anderen unterhält, die über den Einzelfall hinausgehen«, muß
mit bis zu drei Jahren Gefängnis oder einer Geldstrafe rechnen.

Als dieser Paragraph ebenfalls 1973 eingeführt wurde, vertrat
auch die Regierung die Ansicht, daß Prostituierte in Callgirl-Rin-
gen »am wenigsten in Unfreiheit verstrickt und auch am wenigsten
entwürdigt« seien. Gleichwohl sei diese Form von käuflichem Sex
besonders bedenklich, weil »das Callgirl-Wesen einen gewissen An-
strich der Ehrbarkeit hat und die Schwelle zur sozial negativ abge-
stempelten Prostitution kaum erkennbar ist«, so der damalige Justiz-
staatssekretär und spätere Bundesrichter Helmuth Horstkotte im
Bundestag. Deshalb hätten gerade in diesem Bereich viele Mädchen
die Illusion, »wirkliche Prostituierte seien sie nicht geworden, sie
hätten nur wegen ihrer Attraktivität Erfolge auch finanzieller
Art«[10].

Die Logik ist ähnlich wie beim Sex-Cluburteil des Bundesgerichtshofes: Angenehme Arbeitsbedingungen sind unerwünscht, weil sie die Frauen nicht zum Ausstieg bewegen oder gar erst zur Prostitution bringen. Ein wenig erfreuliches Umfeld – wie etwa auf dem Straßenstrich oder auch in den anonymen und oft elend heruntergekommenen »Dirnenwohnheimen« – ist hingegen legal, weil der Staat die vage und durch nichts bewiesene Hoffnung hegt, daß sich Prostituierte dadurch zum Berufswechsel entscheiden und »solide« werden. Der Vergleich drängt sich auf zur offiziellen Drogenpolitik, die eine ähnliche Linie verfolgt.

Gerade der »Callgirl-Paragraph« ist nicht zuletzt gegen Frauen gerichtet, die sich ohne Zuhälter auf freiwilliger Basis zusammenschließen, um ihre Kunden auf telefonische Bestellung zu Hause oder im Hotel zu besuchen. Zumindest ist dies die wohl sicherste Form der Prostitution, da der Freier ja stets seine Adresse oder Hotelanschrift preisgeben muß. Doch wenn eine Frau für sich selbst und ihre Kolleginnen solche vom Verdienst her oft recht lukrativen Hausbesuche vermittelt, macht sie sich automatisch wegen Zuhälterei strafbar.

Auch sind die Ordnungsämter in ganz Deutschland verpflichtet, Lokale zu schließen, in denen »der Unsittlichkeit Vorschub« geleistet wird. Nach einer Entscheidung des Bundesverwaltungsgerichts ist dies vor allem dann der Fall, »wenn der Gastwirt seine Gaststätte so anlegt oder führt, daß sie günstige Bedingungen für die Anbahnung von geschlechtlichen Beziehungen zwischen Prostituierten und Freiern bietet«[11]. In der Realität werden viele solcher Lokale, Clubs und Bars geduldet, doch bewegen sich die Chefs der Ordnungsämter dabei auf dünnem Eis: Der stets für die Sittlichkeit streitende Bundesgerichtshof entschied 1986, daß sich ein Behördenleiter in solchen Fällen wegen »Beihilfe zur Förderung der Prostitution« strafbar macht.

Schlepper und »Schmarotzer«

Seit 1973 wird allerdings nicht mehr der früher so bezeichnete »Schmarotzer« verfolgt, der wegen seiner »Unfähigkeit oder Schwäche« kein eigenes Einkommen hat und deshalb von einer Prostituierten regelmäßig Geld erhält. Jahrzehntelang war diese »parasitäre Lebensweise« in Deutschland unter Strafe gestellt, da sie als »Nährboden für Kriminalität aller Art« angesehen wurde. In vielen anderen Ländern – wie etwa Großbritannien – ist es auch heute noch für einen Mann verboten, von den Einkünften einer Hure zu leben. In der Bundesrepublik richten sich die Zuhältereiparagraphen jedoch nur gegen Personen, die auf die Arbeit von Prostituierten aktiv Einfluß nehmen.

Die übrigen Bestimmungen des Strafgesetzbuches zur Prostitution sind weitgehend unumstritten: So darf ein Bordellbetreiber eine Frau nicht »in persönlicher oder wirtschaftlicher Abhängigkeit« halten und keinen Einfluß darauf nehmen, daß sie sich – vor allem gegen ihren Willen – weiter prostituiert. Darüber hinaus ist es verboten, Bordellzimmer an Minderjährige zu vermieten. Auch wenn der Sinn dieses Paragraphen ohne Frage einleuchtet, führt er andererseits dazu, daß Prostituierte im Alter von unter 18 Jahren zwangsläufig auf den gefährlichen Straßenstrich abgedrängt werden.

Verschärft hat der Bundestag schließlich vor einigen Jahren das Verbot des Menschenhandels. Seit 1991 macht sich jeder strafbar, der aus finanziellen Interessen eine Ausländerin oder einen Ausländer zur Prostitution nach Deutschland bringt und dabei eine »Zwangslage« oder die »Hilflosigkeit« in der fremden Umgebung ausnutzt.

Anders als früher spielt es keine Rolle mehr, ob die Opfer bereits im Heimatland als Prostituierte arbeiteten. Neu geschaffen wurde außerdem das Delikt des »schweren Menschenhandels«: Mit einer Gefängnisstrafe von einem bis zu zehn Jahren muß jeder rechnen, der eine Frau – oder einen Mann – mit Gewalt, Drohung oder List »zur Aufnahme oder Fortsetzung der Prostitution« bringt. Der gleiche Paragraph gilt für einen Menschenhändler, der Prostituierte »gewerbsmäßig« – also regelmäßig oder im Stil einer Organisation –

anwirbt und dabei die »Hilflosigkeit, die mit ihrem Aufenthalt in einem fremden Land verbunden ist«, für seine Geschäfte ausnutzt. Diese Gesetze ändern allerdings nichts daran, daß Ausländerinnen, die offiziell als Touristinnen nach Deutschland kommen und hier – ob freiwillig oder gezwungen – als Prostituierte arbeiten, in ihre Heimat abgeschoben werden. Staatsanwälte und Richter verweisen darauf, daß es kaum zu begründen ist, einer aussagewilligen Prostituierten aus Thailand oder Tschechien eine Aufenthaltserlaubnis zu erteilen, »während wir türkischen Ehefrauen Familienzusammenführung und den Nachzug aus der Türkei verwehren«[12]. In Einzelfällen können Ausländerinnen allerdings bis zum Abschluß des Prozesses gegen ihre Schlepper und Zuhälter in Deutschland bleiben.

Ein in ganz Deutschland nur wenig befolgtes Gesetz ist das Werbeverbot für Prostitution. Alljährlich machen die größten deutschen Zeitungsverlage wie Gruner & Jahr, Springer oder Neven DuMont mit den Anzeigen von Bordellen, Sex-Clubs und einzelnen Prostituierten Millionenumsätze, doch nach dem Gesetz begeht jeder eine Ordnungswidrigkeit, der »durch Verbreitung von Schriften, Ton- oder Bildträgern, Abbildungen oder Darstellungen Gelegenheit zu entgeltlichen sexuellen Handlungen anbietet, ankündigt, anpreist«.

Zwar sind die Behörden nicht verpflichtet, dieses Verbot auch durchzusetzen, doch führt die Gesetzeslage dazu, daß meist nur mit Begriffen wie »Hosteß«, »Massage« oder »Streßentspannung« für käuflichen Sex geworben wird. So besteht eine große Berliner Boulevardzeitung darauf, daß in jeder Bordellanzeige das Wort »Modell« auftaucht, was allerdings die Aussagekraft vieler Inserate kaum mindert: Texte wie »Griffige Mokka-Perle, 24 J., niedliches Asia-Püppchen, 18 J., und Korsagemodell Vanessa, unbehaart, auch bizarr« lassen den Leser über Art und Umfang des Angebots kaum im unklaren. Während solche ihren Zweck kaum verhüllende Annoncen unter der Rubrik »Verschiedenes« in großen deutschen Boulevardzeitungen täglich zu finden sind, darf jedoch nicht damit geworben werden, daß in einem Bordell nur mit Kondom gearbeitet wird.

Eine normale, einspaltige Sex-Anzeige kostet bei einer deutschen Zeitung im Schnitt zwischen 60 und 100 Mark. Vor allem in Blättern aus Hamburg, Berlin oder dem Rheinland finden sich oft mehr als 300 Inserate – was einem Umsatz von rund 22 000 Mark am Tag entspricht. Für ein ganzes Jahr errechnet sich eine Summe von mehr als sieben Millionen Mark, die ein seriöser deutscher Zeitungsverlag mit Annoncen für käuflichen Sex in nur einem Boulevardblatt einnimmt. Doch auch der Staat verdient kräftig mit, denn auf jedes Anzeigengeschäft werden selbstverständlich 15 Prozent Mehrwertsteuer erhoben. Bei einem Umsatz von sieben Millionen Mark ergibt das immerhin mehr als eine Million Mark an Steuereinnahmen.

Oder, anders gerechnet: Nimmt man einen Durchschnittspreis von 80 Mark an, so müssen in einer Stadt wie Berlin oder Hamburg pro Tag immerhin 275 sexuelle Kontakte zwischen Prostituierten und Freiern stattfinden, um allein die Werbung in den Boulevardblättern zu bezahlen.

Fast allen Vorschriften des Strafgesetzbuches zur Prostitution ist eines gemein: Sie werden täglich tausendfach verletzt. Natürlich werden Frauen – Deutsche wie Ausländerinnen – von Bordellbetreibern, Zuhältern und Schleppern auf übelste Weise ausgebeutet, unterdrückt und »in Abhängigkeit gehalten«. Doch schlägt sich das Gesetz nicht grundsätzlich auf die Seite der Opfer, sondern orientiert sich an dem angeblichen Moralempfinden »aller billig und gerecht Denkenden« – und fördert sogar mit voller Absicht schlechte Arbeitsbedingungen. Es gibt wohl wenig andere Beispiele dafür, daß der Alltag von Menschen per Gesetz verschlimmert werden soll, um sie so zum Wandel ihres Lebensstils zu bewegen.

Das »Büroservice«-Bordell

Da es in Deutschland nicht möglich ist, offiziell ein Bordell oder einen Sex-Club zu eröffnen, sind viele Unternehmen dieser Art offiziell als »Zimmervermietung« oder »Partnervermittlung« deklariert. Meist werden sie von den Betreibern im Handelsregister als eine Offene Handelsgesellschaft (OHG) oder – wie etwa der Sex-Club »Schlaraffenland« in Kaarst – als GmbH angemeldet. Ziel dieses Unternehmens war beispielsweise laut Eintrag ins Handelsregister »die Vermittlung von Partnerschaften sowie die Durchführung von Büroservice aller Art«. Das Stammkapital lag bei der vorgeschriebenen Mindestsumme von 50 000 Mark. Um die tatsächlichen Eigentumsverhältnisse zu verschleiern, ist es in der Branche üblich, für die Leitung eines solchen Betriebes einen Strohmann – oder auch eine Strohfrau – zu gewinnen. So war im Handelsregister des Amtsgerichts die damals 44jährige Karin S. – eine gelernte Maskenbildnerin und langjährige Freundin der Clubchefin Gisela N. – als offizielle Gesellschafterin der angeblichen Büroservice-Firma gemeldet. In einem notariellen Treuhandvertrag wurde jedoch ausdrücklich festgelegt, daß die »Strohfrau« Karin S. jede geschäftliche Entscheidung nur auf Weisung von Gisela N. treffen darf. Sie war die tatsächliche Eigentümerin des Clubs und hatte auch das Stammkapital von 50 000 Mark eingezahlt.

Bei der Aufsicht in dem Lokal wechselten sich die beiden Frauen ab: Während Karin S. meist von vormittags bis gegen 20 Uhr nach dem Rechten sah und dafür ein monatliches Nettogehalt von 5500 Mark erhielt, kam die eigentliche Chefin Gisela N. meist am Abend und blieb bis zum Schluß am frühen Morgen. Sie sorgte auch dafür, daß in Sex-Magazinen und Düsseldorfer Boulevardzeitungen regelmäßig Werbeanzeigen erschienen.

Wie viele andere Sex-Clubbetreiber, die in ihren Lokalen auf ein angenehmes Ambiente Wert legen, gerieten auch Gisela N. und ihre Statthalterin Karin S. immer wieder mit der Justiz in Konflikt. Ein erster Prozeß endete im November 1990 noch mit Geldbußen und der anschließenden Einstellung des Verfahrens, doch in einem zweiten Verfahren wurde es im Mai 1992 ernst: Clubchefin Gisela N. wurde zwar vom Vorwurf der Zuhälterei freigesprochen, jedoch wegen Förderung der Prostitution zu 100 Tagessätzen à 100 Mark verurteilt. Ihre Mitarbeiterin und Treuhänderin Karin S. mußte wegen des gleichen Delikts 75 Tagessätze von je 40 Mark zahlen. (Die Höhe des Tagessatzes richtet sich im deutschen Recht nach dem Einkommen des Verurteilten.)

Wie zahllose andere Sex-Clubbetreiber wurden auch die beiden Frauen vor allem wegen der Entscheidung des Bundesgerichtshofes (BGH) verurteilt, wonach gerade die »Herstellung einer gehobenen und diskreten Atmosphäre« bei käuflichem Sex strafbar ist. Der Neusser Amtsrichter Bott merkte in seiner Urteilsbegründung an, daß diese Rechtsprechung des BGH »auf das ›Schlaraffenland‹ wie zugeschnitten« sei, und betonte ausdrücklich, daß die Arbeit »von allen in diesem Verfahren vernommenen Frauen, die sich dort mit der Prostitution befaßten, als angenehm und harmonisch geschildert« wurde. Auch habe sich die »Einflußnahme« der Clubleitung allein darauf beschränkt, daß die Mädchen »angehalten wurden, nicht unter Alkoholeinfluß nach Hause zu fahren«. Die Fürsorge ging sogar noch weiter: »Vereinzelt hatten Frauen Gelegenheit, im ›Schlaraffenland‹ für kürzere Zeit zu übernachten. Die Angeklagte S. pflegte gelegentlich für alle über Tag anwesenden Personen Mittagessen zu kochen.« Nach der verqueren Logik deutscher Gerichte sollen Prostituierte eher auf dem Straßenstrich oder in einem Eros-Center arbeiten, weil die Bedingungen dort so unangenehm und abschreckend sind, daß sie freiwillig ihr Metier wechseln und »solide« werden. An Lebensferne und auch Menschenverachtung ist dieser Standpunkt wohl nur schwer zu überbieten: Gerade in einem Großbordell oder auf dem von Zuhältern kontrollierten Straßenstrich geraten Prostituierte nahezu zwangsläufig in die milieutypische Schuldenfalle, die einen Ausstieg erst recht unmöglich macht.

»Keine spontanen Liebesbeziehungen«

Das Amtsgericht verurteilte Gisela N. und Karin S. nur wegen »gemeinschaftlicher Förderung der Prostitution« – jedoch nicht wegen Zuhälterei, da die Huren im »Schlaraffenland« nach Überzeugung der Richter nicht in ihrer Freiheit eingeschränkt wurden. So konnte nicht bewiesen werden, daß die beiden Angeklagten den Mädchen den Grundtarif von 120 Mark für eine halbe Stunde Sex vorgeschrieben hätten. »Vielmehr liegt die Annahme näher«, so der Vorsitzende Richter Bott, »daß dieser Preis auch von den dort tätigen Frauen als selbst auferlegte Richtschnur angesehen wurde, um es nicht zu Preisverfall kommen zu lassen.« Auch war das Gericht nicht überzeugt, daß es in dem Club Dienstpläne gab und den

Mädchen vorgeschrieben wurde, wie lange sie mit einem Freier zusammenbleiben durften: »Im übrigen«, so schlossen die Juristen messerscharf, »entstehen nach Einschätzung des Gerichts bei der Prostitution keine spontanen Liebesbeziehungen, und die jeweilige Prostituierte hat selbst ein erhebliches wirtschaftliches Interesse daran, den sexuellen Kontakt zeitlich nicht ausufern zu lassen, sondern alsbald wieder im Aufenthaltsraum ankommenden Freiern zur Verfügung zu stehen.«

Daß die Clubchefin Gisela N. und ihre Mitarbeiterin Karin S. noch vergleichsweise glimpflich davonkamen, hatten sie vor allem ihrem Verteidiger Ulrich Bauschulte zu verdanken, einem erfolgreichen Experten für Rechtsfälle um Prostitution und Zuhälterei. Denn in Wirklichkeit gibt es wohl in ganz Deutschland keinen einzigen Club ohne Dienstpläne oder festgelegte Preise, sind sie doch für einen geregelten Geschäftsbetrieb unverzichtbar. Schließlich hat in jeder Branche der Arbeitgeber ein Interesse daran, daß seine Angestellten pünktlich und vollzählig am Arbeitsplatz erscheinen und die von ihnen angebotenen Dienstleistungen nicht unter Preis verkauft werden. Es ist kaum vorstellbar, daß in einem Club alle Frauen stets nur nach persönlicher Lust und Laune zur Arbeit erscheinen und die Leitung außerdem keinerlei Einfluß auf die Preisgestaltung nimmt.

Die gegenwärtige Rechtslage zwingt angeklagte Sex-Clubbetreiber allerdings immer noch, Tatsachen zu bestreiten, die sie im Grunde offen zugeben könnten. Denn schließlich müssen sich Menschen auch an jedem anderen Arbeitsplatz bestimmten Regeln unterwerfen. Natürlich kann eine Frau im legalen und vom Staat tolerierten »Dirnenwohnheim« – zumindest theoretisch – selbst über ihre Arbeitszeit verfügen und ihre Preise frei gestalten. Doch der Druck, wenigstens die Tagesmiete zu verdienen, ist so groß, daß die vermeintliche Freiheit schnell ins extreme Gegenteil umschlägt. Um überhaupt etwas einzunehmen, sind Frauen im Eros-Center bei schlechter Nachfrage oft schnell bereit, sich auch mal zu einem Dumpingpreis anzubieten. Ohnehin liegen die Durchschnittstarife in den Großbordellen meist deutlich unter den Preisen in einem vergleichbaren Club oder Kleinstbordell. Während etwa im »Schlaraffenland« unter 120 Mark keine Frau zu haben ist, muß ein Freier im

Düsseldorfer Eros-Center gleich hinter dem Hauptbahnhof im Schnitt nur 80 bis 100 Mark ausgeben – und bisweilen sogar deutlich weniger.

Resignation und Willkür

Während die Kontrolle eines Straßenstrichs und der Eros-Center nach wie vor fest in Männerhand ist, gibt es in Deutschland mittlerweile immer mehr Sex-Clubs, die von Frauen geführt werden. »Die Zahl solcher Betriebe hat gerade in den vergangenen Jahren deutlich zugenommen«, bestätigt die Hydra-Mitarbeiterin Monika Hofmann.

Natürlich herrschen auch in solchen Sex-Clubs nicht immer nur paradiesische Zustände. So berichtet etwa die Prostituierte Sara im Hydra-Magazin »Nachtexpress«, daß auch von Zuhälterinnen häufig »psychologische Tricks angewandt und Emotionen ausgenutzt« werden, um den eigenen Gewinn zu steigern. Da viele Clubbesitzerinnen selbst einmal angeschafft haben, können sie sich in die Arbeits- und Gefühlswelt der Prostituierten gut hineinversetzen. Daher appellierten weibliche Chefs immer wieder erfolgreich an ihre Mitarbeiterinnnen, sich für »den gemeinsamen Club« und »unser Geschäft« besonders stark einzusetzen und den Umsatz in die Höhe zu treiben. Oft entstehe bei den Prostituierten der Eindruck, daß sie und ihre Chefin »eine große Familie« seien. Doch die »Nachtexpress«-Autorin Sara warnt ihre Kolleginnen: »Prostitution ist ein knallhartes Geschäft, und frau muß fein aufpassen, daß sie genauso gut verdient und sich nicht ausbeuten läßt.«[13]

Und natürlich geben auch viele Frauen, die in Clubs arbeiten, einen Großteil ihres Verdienstes später an einen »privaten« Zuhälter weiter. Doch diese Probleme dadurch lösen zu wollen, daß man die Frauen in ein Eros-Center oder auf die Straße treibt, ist geradezu grotesk.

Selbst wenn in Sex-Clubs mit weiblichen Chefs die Wirklichkeit oft rauh ist – im Vergleich zu den meisten anderen Formen der Prostitution besteht hier noch am ehesten die Chance, daß die Frauen fair behandelt und gerecht am Umsatz beteiligt werden.

Selbst den Juristen der hohen Bundesgerichte dämmert mittlerweile, daß käuflicher Sex durch Anklageschriften und Urteile nicht aus der Welt zu schaffen ist. Als etwa das Bundesverfassungsgericht in Karlsruhe die Verfassungsbeschwerde eines wegen Förderung der Prostitution verurteilten Sex-Clubbetreibers ablehnte, schrieben die hohen Richter mit einem Anflug von Resignation in ihre Begründung: »Die Geeignetheit des Mittels im Sinne der Möglichkeit« – sprachliche Eleganz war noch selten die Stärke von Juristen –, »den angestrebten Zweck zu fördern, bedeutet nicht, der Erfolg müsse in jedem Einzelfall auch tatsächlich erreicht werden oder erreichbar sein. Die abstrakte Möglichkeit der Zweckerreichung genügt.«[14] Mit anderen Worten: Wir können zwar sowieso nichts ändern, bleiben aber trotzdem bei unserer Meinung.

Da es meist keine Opfer und keinen feststellbaren Schaden gibt, ist staatlicher Willkür bei dem Delikt »Förderung der Prostitution« Tür und Tor geöffnet. Überall in Deutschland gibt es Sex-Clubs wie das »Schlaraffenland«, die diesen Straftatbestand ohne Frage erfüllen. Doch welchem Betreiber ein Gerichtsverfahren droht, entscheiden allein Polizei und Staatsanwälte, nach oft kaum durchschaubaren Kriterien. Boulevardzeitungen sind täglich voll von Anzeigen für Kleinbordelle und Sex-Clubs, und es bleibt allein dem Willen – oder gar der Willkür – eines staatlichen Anklägers überlassen, ob er nach ein paar Wochen, Monaten oder Jahren gegen die Betreiber der Lokale und Bordelle vorgeht – oder nicht.

Die Wirkung der Strafverfahren ist jedoch meist gleich null, selbst wenn sich, wie im Fall des Kaarster Sex-Clubs, zu nachtschlafener Zeit ein Richter, zwei Staatsanwälte und ein halbes Dutzend Polizisten zu einem Großeinsatz zusammenfinden. Ein einziger Blick in die Rubrik »Vermischtes« des Düsseldorfer Boulevardblatts »Express« hätte ihnen die Sinnlosigkeit ihrer aufwendigen Ermittlungen vor Augen geführt: Auch nach dem Prozeß und Urteil gegen die beiden Betreiberinnen erschienen dort weiter Tag für Tag Anzeigen für das »Schlaraffenland«.

Ein Richter revoltiert

Allerdings gibt es mittlerweile auch Richter, die sich mit der grotesken Rechtslage nicht mehr abfinden wollen. Als sich vor einer Strafkammer des Landgerichts Münster ein Sex-Clubbetreiber wegen Zuhälterei und Förderung der Prostitution verantworten mußte, setzte der Vorsitzende Richter Ulrich Womelsdorf den Prozeß aus und wandte sich ans Bundesverfassungsgericht: »Die derzeitige Gesetzesfassung treibt solche Clubbetreiber in die Illegalität, in deren Clubs die Prostituierten freiwillig arbeiten«, schrieb der couragierte Jurist an seine Karlsruher Kollegen und forderte sie auf zu prüfen, ob die entsprechenden Paragraphen in ihrer gegenwärtigen Form gegen das Grundgesetz verstoßen. Er fragte die Verfassungsrichter, warum gerade solche Clubbetreiber bestraft werden müßten, die »im Einverständnis mit der Prostituierten« handelten.[15]

Der angeklagte Sex-Clubchef hatte in Münster ein Lokal geleitet, in dem sich die Gäste für Preise zwischen 200 Mark für eine halbe und 400 Mark für eine ganze Stunde mit einem Mädchen in eines von vier Séparées zurückziehen konnten. Die Prostituierten durften von der Summe jeweils die Hälfte für sich behalten. Tagsüber bekamen sie sogar 70 Prozent des Freierlohns; allerdings lagen auch die Tarife niedriger. Anders als im Fall des »Schlaraffenlands« bestand bei dem Münsteraner Sex-Club gar kein Zweifel, daß der Chef die Mindestpreise verbindlich festgelegt hatte. Auch achteten der Chef und seine Mitarbeiter darauf, daß die Frauen nicht länger als vereinbart mit einem Freier zusammenblieben: »Eines Eingreifens«, so der Richter, »bedurfte es selten, weil die Damen selbst ein Interesse daran hatten, die Zeiten nicht ohne zusätzliche Vergütung zu überschreiten.« Der Vorsitzende der Strafkammer stellte ausdrücklich fest, daß der angeklagte Clubchef »die Prostitutionsausübung der bei ihm tätigen Damen überwacht und hinsichtlich Ort, Zeit und anderer Umstände bestimmt« habe – und damit genau das tat, was nach dem Strafgesetzbuch als Zuhälterei gilt und mit bis zu fünf Jahren Gefängnis bedroht wird.

Nach Überzeugung von Richter Womelsdorf verstößt jedoch gerade dieser Paragraph gegen das »Grundrecht der Berufsfreiheit«.

Schon der Düsseldorfer Rechtsanwalt Ulrich Bauschulte hatte in dem Prozeß um den Kaarster Sex-Club festgestellt, daß Prostitution »zwar keine Tätigkeit mit hohem Sozialprestige« sei, jedoch grundsätzlich vom Staat als Beruf akzeptiert werden müsse – vor allem, wenn sich ein Mensch für diese Tätigkeit »freiwillig, das heißt, selbstbestimmt, verantwortlich und als Volljähriger« entscheidet. Ähnlich argumentierte der Münsteraner Richter Womelsdorf: »Ein allgemeiner gesellschaftlicher Konsens darüber, daß die Prostitution gemeinschaftsschädlich wäre, ist heute nicht mehr feststellbar«, schrieb er ans Bundesverfassungsgericht. In einem anderen Verfahren forderte er, daß der »Gesetzgeber einen Blick über das Land wirft und diese unsinnigen und unnötigen Vorschriften, die die Justiz nur belasten und von wichtigeren Dingen abhalten, endlich fallenläßt«.[16]

Nach Überzeugung des couragierten Juristen muß es der Staat akzeptieren, wenn eine Prostituierte nicht auf dem Straßenstrich oder im Eros-Center anschaffen, sondern in einem Sex-Club ein geregeltes Arbeitsverhältnis eingehen will: »Das ist eine von erwachsenen Bürgerinnen getroffene Entscheidung, die die Rechtsordnung hinzunehmen hat.«

IV. Das Milieu – die bare Lust

Großbordelle gibt es in fast jeder deutschen Großstadt, denn sie werden von den Behörden durch Sperrgebietsverordnungen bewußt gefördert. Die Besitzer der Immobilien in den meist knapp bemessenen Toleranzzonen werden automatisch zu Monopolisten, die ihre Häuser mit enormer Rendite an Bordellbetreiber verpachten. Die Aktivitäten der Pächter beschränken sich – zumindest offiziell – darauf, den Prostituierten »Wohnung, Unterkunft oder Aufenthalt und die damit üblicherweise verbundenen Nebenleistungen« zu gewähren – und das wird vom Strafgesetzbuch ausdrücklich erlaubt. Daß dies meist unter menschenunwürdigen Bedingungen und zu Wucherpreisen geschieht, scheint den Staat nicht weiter zu interessieren. In Städten wie Frankfurt am Main ist der finanzielle Druck auf die Prostituierten mittlerweile so groß, daß es fast nur noch für Ausländerinnen lukrativ ist, in einem Großbordell zu arbeiten. Zugleich setzen die extrem hohen Summen, die von Vermietern und Betreibern jedes Jahr umgesetzt werden, zwangsläufig kriminelle Energien frei.

Goldgruben im Bahnhofsviertel

Gerade als Immobilienbesitzer läßt sich mit käuflichem Sex ein Millionenvermögen anhäufen. Zudem hat dieser Weg den Vorteil, daß man sich nicht direkt am Sex-Geschäft beteiligen muß, sondern aufs regelmäßige Kassieren beschränken kann. Obwohl sie an der Ausbeutung von Prostituierten oft am meisten verdienen, haben Immobilienbesitzer von der Justiz nicht das geringste zu befürchten, denn sie treten nach außen hin stets nur als Vermieter oder Verpächter

auf. Oft gehören die Häuser in den Rotlichtvierteln deutscher Großstädte einigen wenigen Eigentümern. Allein durch den geschickten
An- und Verkauf von Immobilien in gegenwärtigen oder zukünftigen Toleranzzonen lassen sich Gewinne in Millionenhöhe erzielen.

Kaum eine andere Gegend ist dafür in Deutschland so gut geeignet wie das Frankfurter Bahnhofsviertel. Schon aus Tradition eine
Amüsier- und Rotlichtgegend, haben sich dort seit Ende der 60er
Jahre Prostitution, Gewaltkriminalität und Grundstücksspekulation
in einzigartiger Weise verdichtet. »Eine solche Mischung ist anderswo in Deutschland kaum zu finden«, sagt Kriminalhauptkommissar Bernhard Kowalski, Chef des Dezernats K 13 für »Straftaten
gegen die sexuelle Selbstbestimmung« bei der Frankfurter Polizei.
»Wenn Kommunalpolitiker in anderen Städten über Prostitution
diskutieren, wird immer wieder vor Frankfurter Verhältnissen ge-
warnt«, räumt der hohe Beamte offen ein. Zwar machte der Hamburger Zuhälterkrieg ungleich mehr Schlagzeilen, doch werden auch
im Frankfurter Milieu jedes Jahr zwischen fünf und 15 Menschen
ermordet.[1]

Die Bordelle des Bahnhofsviertels sind fast alle in einst herrschaft-
lichen Mietshäusern aus der Zeit um die Jahrhundertwende unter-
gebracht. Die früher großzügigen Wohnungen wurden in einzelne,
meist zwischen 15 und 20 Quadratmeter große Zimmer aufgeteilt.
Auf jeder Etage gibt es im Schnitt zwischen acht und zehn Räume
dieser Art, die an Prostituierte vermietet werden. Bad und WC finden sich meist auf dem Gang; in den Zimmern gibt es oft nur ein
Waschbecken. Die Tagesmiete liegt in den »Dirnenwohnheimen«
zwischen 200 und 250 Mark. Dieses Geld muß jede Frau bezahlen,
egal ob sie keinen oder zehn Freier hatte. Die Miete wird auch fällig,
wenn eine Prostituierte krank wird oder einen Tag frei nehmen will.
Hinzu kommen 20 bis 30 Mark für den Wirtschafter, der vom jeweiligen Bordellbetreiber eingesetzt wurde. Er verteilt die Zimmer, kassiert die Miete und sorgt für Ordnung im Haus. Oft arbeiten die
Wirtschafter auch mit den persönlichen Zuhältern der Prostituierten
zusammen und informieren sie über den jeweiligen Tagesumsatz der
Frau. Ganz dem Klischee entsprechend gehört zur Standardausstat-
tung eines Wirtschafters ein Mastino-Kampfhund und ein Baseball-

schläger. Vom Chef des jeweiligen Puffs erhält er meist keinen Pfennig und wird allein von den Prostituierten bezahlt.

Die Frauen sind darauf angewiesen, sich mit dem Wirtschafter gut zu stellen, denn im Fall eines renitenten Freiers – im Jargon »Protest« genannt – kommt es darauf an, daß er möglichst rasch zur Stelle ist. Viele Nutten geben daher dem Wirtschafter ihres Großbordells noch einen zusätzlichen Zehn- oder Zwanzigmarkschein pro Tag. »Je mehr gezahlt wird«, so Kripo-Mann Kowalski, »desto schneller kommt er mit seinem dicken Bauch hinterm Schreibtisch hervor.«

Es ist in den Bordellen keine Seltenheit, daß ein Freier einem Mädchen – mit oder ohne Grund – vorwirft, ihn bestohlen zu haben. Auch in solchen Fällen sorgen die Wirtschafter dafür, daß die Mieterin in einem anderen Zimmer verschwinden kann und unauffindbar ist, wenn der Mann mit der Polizei zurückkehrt.

Neben den täglichen Abgaben müssen die Frauen eine hohe Kaution für die Einrichtung ihres Raumes und für Radio oder Fernseher stellen. Die Beträge liegen bei 500 Mark und mehr. »Die Prostituierten haben für solche Leistungen völlig überhöhte Tarife zu zahlen«, sagt Cora Molloy vom Frankfurter Hurenprojekt HWG. In einigen Häusern sind die Mieterinnen außerdem verpflichtet, pro Woche vom hauseigenen Kiosk zu Wucherpreisen eine festgelegte Menge von Lebensmitteln und Getränken zu kaufen.

Für viele Frauen schnappt schon nach kurzer Zeit im Großbordell eine Schuldenfalle zu: Haben sie ein paar Tage lang zu wenig Freier oder werden sie gar krank, häufen sich schnell vierstellige Summen an, die abgearbeitet werden müssen. Weil der Wirtschafter die fälligen Beträge – zumindest der Tradition nach – auf einem Block notiert, werden die entsprechenden Summen im Milieu »Blockschulden« genannt.

Bereits für einen kleinen Puff mit 18 bis 20 Zimmern kommen – zurückhaltend gerechnet – monatliche Mieteinnahmen von 100 000 bis 130 000 Mark zusammen. Der Betreiber meldet sein Unternehmen meist in der Form einer OHG als »Zimmervermietung« an – »Sex-Fabrik« wäre allerdings der passendere Ausdruck. Wenn er nicht selbst Eigentümer des Gebäudes ist, zahlt der Bordellier an den

Hierarchie in Großbordellen		
1. Stufe		Immobilienbesitzer
2. Stufe		Bordellbetreiber
3. Stufe		Wirtschafter
4. Stufe		Prostituierte

Besitzer eine Pacht zwischen 40 000 und 70 000 Mark. Diese Summen sind eher niedrig gegriffene Durchschnittswerte, die im Einzelfall auch deutlich höher liegen können. Die Frankfurter Polizei schätzt die Mieteinnahmen für die Bordelle rund um die Kaiserstraße auf mindestens 180 Millionen Mark im Jahr.[2] Genaue Zahlen sind kaum zu ermitteln, da neben den schriftlichen Pachtverträgen oft noch weitere Summen schwarz gezahlt werden. Auch sind die tatsächlichen Betreiber und Anteilseigner an einem Bordell oft nur schwer zu ermitteln, da immer wieder Strohmänner eingesetzt werden.

Als im Juli 1992 das Sperrgebiet im Bahnhofsviertel ausgedehnt wurde und deshalb einige Bordelle schließen mußten, gerieten viele Bewohner in der nun verkleinerten Toleranzzone unter gewaltigen Druck: Die Bordellbosse drängten massiv in die Straßenzüge, wo Prostitution noch erlaubt war. Der Pfarrer Martin Reinel von der Weißfrauengemeinde im Bahnhofsviertel berichtet von mehreren Fällen, in denen Mietern hohe Summen geboten wurden, damit sie ihre Wohnung aufgeben.[3] Andere Hausbesitzer waren weniger entgegenkommend und wirtschafteten die Gebäude in kurzer Zeit so herunter, daß sich viele Mieter ganz von selbst nach einer neuen Wohnung umsahen. Sind aus einem Haus alle Bewohner vertrieben, ist der Weg zur Umwandlung in ein neues »Dirnenwohnheim« frei.

Durch gute Kontakte zur Frankfurter Stadtverwaltung sind Hauseigentümer und Bordellbetreiber im Bahnhofsviertel über geplante Sperrgebietsveränderungen oft bestens informiert und können Immobilien in einer zukünftigen Toleranzzone rechtzeitig zu einem günstigen Preis erwerben. Schlagzeilen machte 1989/90 der Fall von zwei Brüdern, die ihre Milieukarriere 1968 als Türsteher begonnen hatten und in den folgenden 20 Jahren als Bordellbetreiber und Immobilienspekulanten ein Vermögen von rund 400 Millionen Mark anhäuften.[4] Das Brüderpaar verfügte über exzellente Kontakte zum Frankfurter Ordnungsamt und erwarb unter anderem rechtzeitig mehrere Immobilien nahe der Breiten Gasse – exakt dort, wohin die damalige CDU-Stadtregierung bei ihrer Kampagne für ein »sauberes Bahnhofsviertel« das Frankfurter Rotlichtmilieu verlagern wollte. Informanten im Rathaus hatten die beiden Rotlichtgrößen ständig über vertrauliche Gespräche und interne Beschlüsse auf dem laufenden gehalten. In dem Gebiet, das nach den geheimen Plänen der Stadtregierung zur Sperrzone werden sollte, verkauften sie ihre Immobilien zu stattlichen Preisen an eine städtische Stiftung, die den sinnigen Namen »Allgemeiner Almosenkasten« trug.[5]

Deutsche im Parterre, Farbige unterm Dach

Die Besitzer der Immobilien im Frankfurter Bahnhofsviertel sind häufig honorige Geschäftsleute der Stadt, die mit dem Müll und dem Tod dieser Gegend öffentlich nur äußerst ungern in Verbindung gebracht werden. Mit den Betreibern der Eros-Center vereinbaren die Eigentümer zumeist Einjahresverträge, die nach Ablauf neu ausgehandelt werden. In der Regel steigt bei jedem Abschluß die monatliche Pacht um jeweils 5000 Mark: Anstatt zwölfmal im Jahr 60 000 Mark müssen beim nächsten Vertrag jeweils 65 000 Mark auf das Konto des Besitzers überwiesen werden. Da die Häuser meist zur gewerblichen Nutzung verpachtet werden, haben die Eigentümer keine Anzeige wegen Mietwuchers zu fürchten, denn der entsprechende Paragraph des Strafgesetzbuches gilt nur für Wohnräume.

Natürlich geben die Bordellbetreiber die jährliche Erhöhung an die Mieterinnen der einzelnen Räume weiter. Der Preisdruck auf die Prostituierten steigt ständig: Seit Ende der 60er Jahre wurden die Tagesmieten für ein Zimmer in Frankfurter Bahnhofsbordellen von damals 30 Mark auf jetzt 200 bis 250 Mark hochgeschraubt. Zugleich stagnieren jedoch spätestens seit 1985 die Tarife für sexuelle Dienstleistungen, so daß den Frauen meist immer weniger übrig bleibt. Die

Verdienstspannen in den Frankfurter Eros-Centern haben sich so stark verringert, daß dort kaum noch deutsche Frauen arbeiten: Mehr als 90 Prozent aller Prostituierten in den Eros-Centern sind Südamerikanerinnen, Thailänderinnen und Afrikanerinnen, die fast alle auch im Bordell wohnen.

Die Zimmer in den Eros-Centern werden nach streng rassistischen Kriterien verteilt: Im Parterre, wo jeder Freier vorbei muß, arbeiten die wenigen deutschen Frauen. Die Stockwerke darüber werden von Thailänderinnen und Kolumbianerinnen belegt. Ganz oben unter dem Dach, wohin der Weg für die Kunden am weitesten ist, wohnen die Afrikanerinnen. »Da begann für uns der Urwald«, räumte die ehemalige Prostituierte Carola auf einer Diskussion offen ein.[6] Bereits an der Musik, die aus den einzelnen Zimmern dringt, erkennt ein Besucher, von welcher Nationalität die einzelnen Stockwerke bewohnt werden. Trotz der horrenden Abgaben ist der Verdienst im Eros-Center für viele Frauen im Vergleich zum Lohnniveau ihrer Heimatländer noch immer attraktiv.

Der permanente Preisdruck führt dazu, daß die Frauen auch während ihrer Periode weiterarbeiten. »Da der körperliche Kontakt zu einem Freier ja meist nicht länger als zehn oder 15 Minuten dauert, setzen die Frauen für diese Zeit ein Pessar ein«, bestätigt HWG-Sprecherin Cora Molloy. Auch bei Krankheiten machen die meisten Frauen keine Pause.

Zwischen 600 und 700 Prostituierte arbeiten unter diesen Bedingungen im Frankfurter Bahnhofsviertel. Allein um ihre Fixkosten zu decken, müssen die Mädchen pro Tag mindestens vier bis fünf Freier bedienen; sonst würde der gesamte Kreislauf zusammenbrechen. Unter den rund 15 000 bis 20 000 Männern, die nach Schätzungen der Polizei jeden Tag – vor allem natürlich in den Abendstunden – durch die Bordelle des Bahnhofsviertels streichen, müssen deshalb mindestens 3000 bis 4000 wirkliche Freier sein. Die übrigen werden im Jargon Guck- oder Seibelfreier genannt – von österreichisch »seibeln« gleich dumm herumreden. Bei 3500 Freiern und einem Durchschnittspreis von 70 Mark ergibt sich ein Tagesumsatz von mindestens 245 000 Mark. Der tatsächliche Umsatz dürfte jedoch um ein Vielfaches höher liegen.

Vor allem zu Messezeiten werden nach Beobachtungen der Polizei noch weit mehr Männer mit einem Mädchen handelseinig als sonst. Als besonders lukrativ gelten im Milieu die Landwirtschaftsmesse und die Internationale Automobil-Ausstellung (IAA) – während zur Buchmesse »ziemlich tote Hose« herrscht, wie sich ein Bordellier ausdrückt.[7]

Vom Bordell zur Bankzentrale

Während die einzelnen Frauen bei Preisen zwischen 50 und 80 Mark für eine »Nummer« im Durchschnitt höchstens 2000 bis 3000 pro Monat verdienen, erwirtschaften die Bordellbetreiber Millionenbeträge. Nach Abzug der Pacht für den Besitzer des Gebäudes bleiben ihnen im Schnitt monatlich zwischen 50 000 und 80 000 Mark übrig. »Das ist kein Geld, das auf irgendwelche Gehaltskonten läuft, wo vielleicht der Filialleiter der Bank daran interessiert ist, dem Mann Bundesschatzbriefe oder so etwas zu verkaufen«, sagt Kripo-Mann Kowalski. Das Geld ist schwarz und fließt in aller Regel in kriminelle Aktivitäten: Rauschgifthandel, Waffenschmuggel, Glücksspiel, Gewaltverbrechen. Denn wenn ein Bordellchef irgendwann den dritten Mercedes, den fünften Pelzmantel und das siebte Goldkettchen erstanden hat, stellt sich unausweichlich die Frage: Was mache ich jetzt mit meinem Geld?

Unter den Bordelliers und ihren Bekannten entsteht ein dichtes Geflecht von oft illegalen Geschäften, in dem auch mancher Mord seinen Ursprung hat. »Wenn einer den anderen gelinkt hat oder versucht hat zu linken, wird schnell die Pistole gezückt«, erzählt Polizist Kowalski.

Vor allem der Drogenhandel floriert, denn auf der Route Bogota-Amsterdam-Frankfurt werden jedes Jahr nicht nur Hunderte von kolumbianischen Frauen, sondern auch Kokainladungen ins Frankfurter Rotlichtmilieu geschleust. Wenn eine größere Lieferung ansteht, veranstalten interessierte Herren bei konspirativen Treffen regelrechte Sammlungen: Der eine investiert 20 000 Mark, der nächste 50 000 und der dritte 100 000 Mark. Nach Erkenntnissen der

Polizei sind mittlerweile fast alle Bordellbetreiber in deutschen Metropolen an Drogengeschäften beteiligt.

Die Bosse der Eros-Center rund um den Frankfurter Bahnhof sind mit wenigen Ausnahmen Deutsche. Im Milieu herrscht häufig eine eigentümliche Form von Rassismus und Neonazismus: Es wird Hitlers Geburtstag gefeiert, koscheres Fleisch unter Beifall in ein Piranhaaquarium geworfen oder eine »rein arische« Kneipe eröffnet, die dann stolz den Polizeibeamten präsentiert wird.

Um Konflikte mit den Behörden möglichst zu vermeiden, achten die Puffpächter allerdings peinlich genau darauf, jeden Monat einen bestimmten Betrag an Steuern zu zahlen, meist zwischen 8000 und 12 000 Mark. Wenn Mitarbeiter der Polizei oder der Stadtverwaltung in das Büro eines Bordellchefs kommen, werden die entsprechenden Belege extra offen hingelegt. »Er schaut uns dann nach dem Motto an: Was wollt ihr überhaupt? – Euer Weihnachtsgeld wird schließlich von meinen Steuern bezahlt«, berichtet Kowalski von seinen Besuchen im Milieu.

Immer wieder versuchen auch Gruppen aus anderen Unterweltsparten, sich eine Scheibe vom lukrativen Sex-Geschäft abzuschneiden. So saßen vor einem Eros-Center in der Frankfurter Moselstraße plötzlich jeden Tag mehrere Hütchenspieler. Der Bordellchef kümmerte sich erst nicht weiter darum, doch mit der Zeit beschwerten sich die Mädchen immer heftiger über ausbleibende Kundschaft. Denn vor dem Eingang des Bordells bildete sich regelmäßig eine solche Menschentraube, daß kaum ein Freier mehr den Weg in das Gebäude fand. Schließlich erschien der Chef der Hütchenspieler – ein Kosovo-Albaner im eleganten Kamelhaarmantel, darunter eine abgesägte Schrotflinte – beim Pächter des Puffs und forderte einen Anteil von den Einnahmen: »Wenn du nicht zahlst, blockieren meine Männer weiter deinen Eingang.« Natürlich weigerte sich der Bordellbetreiber zunächst und ging mit einem Baseballschläger auf den Mann los. Als sich jedoch auch in den nächsten Tagen wegen der Spieler kaum mehr ein Kunde in das Eros-Center wagte und die Prostituierten fast nichts mehr verdienten, kam es im Bahnhofsviertel zwischen deutschen Zuhältern und albanischen Hütchenspielern erst zu einem Kräftemessen in Form einer kleinen Schießerei – und wenig später zur gütlichen Einigung: Der »Mann im Kamelhaarmantel« erhielt ein paar Prozent von den Mieteinnahmen des Bordells und zog dafür seine Spieler vom Eingang zurück.

Wer im Bahnhofsviertel allerdings das wirklich große Geld macht, ist auf solche Tricks nicht mehr angewiesen: Wegen ihrer Nähe zu Deutschlands größtem Bankenviertel eignen sich die Bordelle hervorragend als Spekulationsobjekte und werden von ihren Besitzern oft bewußt heruntergewirtschaftet. Viele Gebäude machen einen ausgesprochen verkommenen Eindruck, denn die Eigentümer können nur unter größtem Druck dazu gebracht werden, an den Häusern etwas zu tun. Selbst wenn die Bordellbetreiber bereit sind, sich an dringend notwendigen Renovierungen zu beteiligen, erhalten sie von den Besitzern meist keine müde Mark. »Der Vermieter lebt die meiste Zeit im Ausland und will immer nur Geld sehen«, beklagte sich ein Pächter sogar bei der Polizei. Er wollte sein Bordell in Bahnhofsnähe für eine Million Mark rundum renovieren lassen und als Pächter die Hälfte dieses Betrages selbst beisteuern. Der Eigentümer war jedoch nicht bereit, sich an den Kosten zu beteiligen, und das Haus verfiel weiter.

Die meisten Eigentümer haben nicht das geringste Interesse, den Wert ihrer Gebäude zu erhalten. Denn den größten Gewinn kann ein Spekulant erzielen, wenn er ein Mietshaus zunächst in kleine Zimmer für Prostituierte aufteilt, in den nächsten Jahren keinerlei Reparaturen oder sonstige Arbeiten ausführen läßt und das heruntergekommene Objekt schließlich samt Grundstück an eine Bank oder Versicherung verkauft. Der neue Besitzer reißt schließlich den Altbau ab und errichtet auf der Fläche für seine Unternehmen einen glitzernden Büroturm. An gleicher Stelle, wo zuvor eine Kolumbianerin für 50 Mark ihren jungen Körper für eine Viertelstunde Sex verkaufte, diskutieren dann distinguierte Bänker über den Cash-Flow milliardenschwerer Konzerne.

»Was heißt hier schlafen gehen?«

Auch wenn die halbkriminelle Gemengelage des Frankfurter Bahnhofsviertels in Deutschland einzigartig ist: Bordelle mit ähnlichen Arbeitsbedingungen gibt es in fast allen deutschen Großstädten. Eines der bekanntesten war das Ende der 80er Jahre geschlossene und geschmackvollerweise in ein Aussiedlerheim umgewandelte »Palais d'Amour« an der Hamburger Reeperbahn. Anders als in den Frankfurter Bordellen, wo die Männer durch die Flure schleichen und sich ihre Frau bei einem Blick in die Zimmer aussuchen, mußten die Huren des Hamburger »Eros-Centers« in einem Kontakthof um ihre Freier werben. Dort herrschten strenge Regeln: Für die Mieterinnen jeder Etage war jeweils ein bestimmter Bereich des Hofes reserviert, der nicht überschritten werden durfte. Lief das Geschäft schlecht, mußten die Frauen in ihren hochhackigen Pumps oft stundenlang auf den ersten Kunden warten.

Solche Arbeitsbedingungen sind in den vom Staat tolerierten »Dirnenwohnheimen« keineswegs ein Einzelfall. »Dann muß die Frau eben rund um die Uhr stehen«, erinnert sich auch die Exprostituierte Geli mit Grausen an umsatzschwache Tage im Eros-Center. »Was heißt hier schlafen gehen? Ein paar Captagon geschluckt, an die Mauer und dann weiter.«[8] Die Wuchermiete für das Zimmer muß schließlich bezahlt werden – ob die Frau krank ist oder einfach nur einen schlechten Tag hat, spielt keine Rolle.

Ob sich die Juristen des Bundesgerichtshofes wohl je mit den konkreten Verhältnissen in einem Eros-Center auseinandergesetzt hatten, als sie das »Herstellen einer gehobenen und diskreten Atmosphäre« in einem Sex-Club oder Bordell unter Strafe stellten? Vielleicht hatte der eine oder andere von ihnen ja tatsächlich einmal – und sei es aus reiner Neugier – einen Fuß über die Schwelle eines Großbordells gesetzt. Über den Alltag dort kann er jedenfalls wenig in Erfahrung gebracht haben, denn sonst wäre es in hohem Maße zynisch, gerade solche Arbeitsbedingungen sogar von Rechts wegen zu fördern.

Im Hamburger »Palais d'Amour« hatten die Frauen bereits 1987 pro Tag rund 200 Mark an Abgaben zu zahlen:

- 140 Mark Tagesmiete für ihr Zimmer,
- 20 Mark »Block« für den Wirtschafter,
- 30 Mark für Kondome, Wäsche etc.,
- 10 Mark für Essen aus der betriebseigenen Kantine.[9]

Im Eros-Center an der Reeperbahn gab es 173 Zimmer. Da die Frauen im Zweischichtbetrieb arbeiteten, wurden die Räume jeweils doppelt vermietet. War das Bordell voll belegt, nahmen die Betreiber daher pro Zimmer und Tag 280 Mark ein. Auf die Zahl der Räume umgerechnet, lagen die täglichen Mieteinnahmen im Idealfall bei 48 440 Mark. Auf den Monat umgerechnet ergab sich ein Umsatz von über 1,4 Millionen Mark.

Da in dem Eros-Center natürlich immer wieder einzelne Zimmer leerstanden, mag dieser Betrag in Wirklichkeit nur selten erreicht worden sein, doch die Größenordnung macht deutlich, welche Summen im Sex-Geschäft verdient werden können. Die jährlichen Mieteinnahmen aller Hamburger Bordelle und Sex-Clubs werden auf über eine halbe Milliarde Mark geschätzt. Hinzu kommen Getränkeumsätze im Umfeld der Prostitution, die sich vermutlich auf 350 bis 370 Millionen Mark im Jahr belaufen.[10]

Trotz ihres oft hochgradig kriminellen Umfeldes haben die Betreiber der Eros-Center von der Justiz kaum etwas zu befürchten. Sie tun schließlich nichts weiter, als einer Prostituierten ein Zimmer »und die damit üblicherweise verbundenen Nebenleistungen« zur Verfügung zu stellen.

Die Luden und Kiezkönige

Sie kassieren bei den Huren kräftig ab und machen das wirklich große Geld – die Luden, Loddel und Kiezkönige. Grundsätzlich muß zwischen zwei Arten von Zuhältern unterschieden werden: Zunächst gibt es die Betreiber von Bordellen, Sex-Clubs oder »Dirnenwohnheimen«, wo Prostituierte zu festgelegten Bedingungen arbeiten. Diese Gruppe von Zuhältern – Sex-Manager wäre ein passenderer Ausdruck – hat manche Ähnlichkeit mit sonstigen Arbeitgebern oder Vermietern, auch wenn sich für die Rotlichtbranche eigene Geschäftssitten herausgebildet haben.

Eine andere Rolle spielt der »klassische« Zuhälter, zu dem meist mehrere Prostituierte ein »direktes persönliches, sexuelles und emotionales Abhängigkeitsverhältnis haben«, wie es die Wissenschaftlerinnen Elfriede Steffan und Beate Leopold formulieren. Ein solcher Zuhälter führt »die Frauen der Prostitution zu und hält sie mit mehr oder minder sanften Druckmitteln in der prostitutiven Tätigkeit«.[11] Oder, im Milieujargon gesagt: Er hat seine »Partien am Laufen«. Die Grenzen zwischen beiden Gruppen sind allerdings fließend: Mancher Lude betreibt ein Bordell, Eros-Center oder einen Sex-Club und kontrolliert daneben auch noch mehrere Prostituierte, die von ihm direkt abhängig sind. Es gibt jedoch mittlerweile auch zahlreiche Chefs oder Chefinnen von Sex-Clubs, die mit dem klassischen, fast immer kriminell angehauchten Rotlichtmilieu kaum noch Berührung haben und eher den Leitern eines modernen Dienstleistungsbetriebs gleichen.

Nach den Erkenntnissen der Wissenschaftler erleben die »klassischen« Luden mittlerweile vor allem in der ehemaligen DDR eine Renaissance, »die an das Prostitutionsmilieu der alten Bundesländer in den 60er Jahren erinnert«.

Auch wenn Hurengruppen seine Rolle gern herunterspielen – der Lude mit Goldkettchen, der sich vorzugsweise in Begleitung eines Kampfhunds oder am Steuer einer protzigen Nobelkarosse fortbewegt, ist aus dem Geschäft mit dem käuflichen Sex nicht wegzudenken.

Premiere im »Petit Châlet«

Ein Abend in der Berliner Diskothek »Mirage«: Rund ein Dutzend junge Frauen bewerben sich in der Endausscheidung um die Wahl zur »Miß Neukölln«. Wie die anderen Mädchen geizt auch die schlanke, schwarzhaarige Anja W. (17) auf der Bühne nicht mit ihren Reizen. Im Publikum steht Bernd M., den jeder im Milieu nur »Malle« nennt. Er ist nicht nur gekommen, um einen netten Abend zu verbringen – er sucht Nachschub für den Strich.

Seine Wahl fällt auf die auffallend attraktive Anja: Er spricht die 17jährige an und verabredet sich mit ihr. Sie verliebt sich in ihn und wird seine Freundin. Nach einigen Wochen bringt er sie schließlich zum erstenmal dazu, ihren Körper an Männer zu verkaufen. In dem Sex-Club »Petit Châlet« beginnt für Anja ein Weg durch Bars und Bordelle, auf dem sie wie ein wertvolles Stück Vieh von Besitzer zu Besitzer weiterverkauft wird und den sie schließlich nach Jahren der Polizei offenbart.[12]

Nachdem sie einige Wochen mit Bernd M. zusammengelebt und für ihn im »Petit Châlet« angeschafft hat, trifft die 17jährige den vier Jahre älteren Steffen K. und trennt sich von »Malle«. Zuvor muß sie an ihren ersten Zuhälter allerdings noch 1600 Mark angebliche »Mietschulden« bezahlen. Auch ihre neue Liebe Steffen findet schnell heraus, daß sich mit Anja viel Geld verdienen läßt. Er schickt das junge Mädchen zum Anschaffen in zwei Sex-Kinos.

Eine der Filmbars liegt an der Kreuzberger Friesenstraße, in unmittelbarer Nähe der größten Berliner Polizeidirektion. Die Mädchen arbeiten dort in zwei Schichten von zehn Uhr morgens bis 19 Uhr und anschließend bis fünf Uhr früh. Für die angebotenen Sex-Dienste gibt es in dem Kino festgelegte Mindestpreise: 20 Mark kostet eine »Handentspannung«, 40 Mark »Französisch« und 50 Mark der eigentliche Geschlechtsverkehr – Tarife, die am unteren Ende der Preisskala in Deutschland liegen. Allerdings werden die Frauen auch am Getränkeumsatz beteiligt und können mit ihren Freiern natürlich auch höhere Preise aushandeln. Unabhängig von ihrem jeweiligen Verdienst muß jede Frau pro Tag 100 Mark an das Ehepaar zahlen, von dem das Kino betrieben wird.

Mit dieser Abgabe erwirtschaften die beiden nach Berechnungen der Staatsanwaltschaft einen monatlichen Umsatz von mindestens 25 000 Mark – der tatsächliche Betrag dürfte jedoch weit höher liegen. Dafür bezahlen sie die Miete von 6380 Mark, unterhalten die Kinoanlage, sorgen für die Reinigung der Räume und schalten Anzeigen in Boulevardzeitungen. Das Geld, das sie nach fünf »Handentspannungen«, zweieinhalbmal »Französisch« oder zweimal »Verkehr« pro Schicht verdient haben, können die offiziell als »Platzanweiserinnen« angestellten Frauen für sich selbst behalten – wenn sie es nicht, wie Anja W., später ohnehin an ihren privaten Zuhälter abgeben müssen.

Je nach Andrang und Tagesform schafft Anja 13 bis 18 Stunden für Steffen an – »aus Liebe«, wie sie später der Polizei erzählt. Denn ihr Freund und Zuhälter – eigentlich Metzger von Beruf – erkundigt sich regelmäßig bei den Betreibern des Kinos nach Anjas Umsatz und sahnt kräftig ab: Er nimmt sich im Durchschnitt vier Fünftel ihrer Einnahmen; von dem Rest muß sie noch Lebensmittel kaufen und die Miete für die gemeinsame Wohnung im Stadtteil Wedding bezahlen. Schließlich finanziert sie Steffen K. von ihrem Geld sogar noch einen gebrauchten Mercedes 450. Nach einem halben Jahr hat die 17jährige in dem Sex-Kino rund 105 000 Mark verdient, doch nur einen kleinen Bruchteil dieser Summe durfte sie selbst behalten.

Warum macht Anja dies alles mit, läßt sich von ihrem Zuhälter wie im schlimmsten Frühkapitalismus ausbeuten? Offenbar gelingt es Männern wie Steffen, bei ihren Opfern eine psychologisch nur schwer zu entwirrende Atmosphäre aus Liebe und Angst, Gefühl und Gewalt, Reiz und Resignation zu erzeugen. Als sie wegen eines Magengeschwürs ins Krankenhaus muß, schreibt Anja ihrem Freund einen Abschiedsbrief, den sie jedoch aus Furcht vor seiner Reaktion gar nicht erst abschickt:

»Steffen!
Wenn Du diese Zeilen gelesen hast, dann bleib ruhig. Ich werde nicht mehr arbeiten gehen!, denn ich glaube, es bringt mir nichts, nur Streit und Unwohlsein. Ich dachte, ich fände in Dir einen verständnisvollen Jungen, aber wie ich merke, habe ich mich auch in Dir getäuscht. Sicher, es gibt überall Streß, aber nicht auf Dauer. Ich habe es satt, mich laufend beschimpfen zu lassen. Du sagst, ich kann mich nicht beschweren. Das stimmt vielleicht in einigen Punkten, aber ich habe auch ein Gefühlsleben, und das hat guten Grund sich zu beschweren. Denn Liebe und Zärtlichkeit liegt, so glaube ich, nicht in Deinem Interesse. Später? Nein, ich brauche es jetzt, aber von Dir erwarte ich diese Dinge nicht mehr. Manchmal komme ich mir vor wie ein Mittel zum Zweck. Versetz Dich, oder versuch es doch mal, in meine Lage. Aber ich glaub, das kannst Du nicht, sonst

*würde es anders mit uns laufen. Du sagtest, Du »liebtest mich«, was
ist Liebe in Deinen Augen? Geld, Prestige? Weißt, für mich ist Liebe,
wenn man über dieses Wort, ohne an Geld zu denken, miteinander
reden kann, auch das habe ich aufgegeben und Dich sowie Berlin
auch. Bitte such nicht nach mir. Ich gebe Dir mein Wort, ich werde
solide! Und in keiner anderen Stadt werde ich arbeiten. Wenn Dir
wirklich an mir etwas liegt, dann sag meiner Mutter Bescheid, ich
werde mich bei ihr erkundigen. Aber falls Du denkst, ich kann nicht
ohne arbeiten auskommen. Ich glaub, da irrst Du Dich.*

*Eines aber weiß ich mit Sicherheit. Es gab Stunden, Tage und Wo-
chen, die ich nie vergessen werde, nur diese werde ich in Erinnerung
behalten. Ich wünsche Dir alles Gute und mich vergiß, denn es ist
besser für Dich und für mich! Schade, daß es so endet, aber ich habe
im Grunde nichts anderes erwartet. Hier im Krankenhaus habe ich
viel Zeit zum Nachdenken. Ich bin sehr traurig, ich habe mir hier
anhören müssen, warum ich mit »so einem« mein Leben teile, und
ist sicher nicht angenehm für mich gewesen. Vielleicht verstehst Du
ein bißchen. So etwas ist peinlich. Bitte such nicht nach mir, sondern vergiß mich einfach, auch wenn es Dein männlicher Stolz nicht
erlaubt.*

Alles Gute.«

Mag Anja in diesem ohnehin nie abgeschickten Brief auch recht entschlossen klingen: Die Erwähnung jener »Stunden, Tage und Wochen, die ich nie vergessen werde« zeigt, daß sich Anja von ihrem
Zuhälter emotional noch keineswegs gelöst hat. Trotz aller Erniedrigungen und Enttäuschungen ist noch immer die Sehnsucht zu spü-
ren, in Steffen vielleicht doch den »verständnisvollen Jungen« zu
finden. Und selbst zwischen diese Zeilen schleicht sich Anjas Angst,
denn wie anders wäre ihre Aufforderung »dann bleib ruhig« und der
Hinweis auf seinen »männlichen Stolz« zu verstehen?

Doch gerade die gleichzeitige Sehnsucht nach Liebe und Stärke
scheint manche Frau immer wieder in die Fänge eines Mannes zu
treiben, der im Grunde nur an einem interessiert ist: Geld, viel
Geld. »Ein Zuhälter sitzt da und hört dir zu. Was er denkt, ist doch
scheißegal in dem Moment, aber er hört dir zu«, berichtet die Prosti-

tuierte Susan in der Hydra-Zeitschrift »Nachtexpress«.[13] »Ich habe sogar oft erlebt, daß solide Männer durch die Frauen zu Zuhältern gemacht wurden, weil sie ihnen das Geld förmlich aufgedrängt haben«, sagt die 26jährige. Und ihre fast 30 Jahre ältere Kollegin Geli erinnert sich: »Ich weiß noch, wie ich das gemacht habe bei meinem ersten. Der hatte vorher auch eine Arbeit, und da war dann diese große Liebe, und ich habe gesagt: ›Ach, bleib doch heute zu Hause.‹ ›Ach, Mensch, ich muß doch Geld verdienen‹, sagt er. ›Ach, komm, nimm das. . .‹ Verstehst du? Das hat sich die Firma drei- oder viermal angeguckt, und dann wurde er gekündigt.« Geli, die jahrzehntelang in St. Pauli angeschafft hat, kommt zu dem Ergebnis: »Ein Zuhälter wird nicht geboren, der wird gemacht.«[14]

Auch Cora Molloy von dem Frankfurter Prostituiertenprojekt HWG sagt, »daß in diesem Beruf, wo man sehr viel von sich selbst hergibt, die Sehnsucht nach Geborgenheit so groß wird, daß die Frauen oft nicht mehr merken, wie sie von einem Mann hemmungslos ausgenutzt werden«.

Metzgerei oder »Club Aphrodite«?

Nach ihrer Entlassung aus dem Krankenhaus kehrte Anja zu Steffen zurück, doch die Beziehung der beiden geriet nach einigen Monaten in die Krise. Steffen war allerdings keineswegs bereit, seine »Partie« einfach aufzugeben. Wenn schon Trennung, so sollte wenigstens etwas dabei herausspringen: Nach mehr als einem Jahr verkauft er die mittlerweile 18jährige an »Karate-Kalli«, einen ehemaligen Europameister im Kickboxen. Mit 5000 Mark »Ablöse« handeln beide einen Freundschaftspreis aus, denn für eine junge hübsche Frau wäre – wie sich auch bei Anja bald herausstellt – auf dem Mädchenmarkt mindestens das Doppelte drin gewesen.

Natürlich will Karl-Peter I. (37), daß sich seine Investition rentiert: Er verlangt von Anja, daß sie ihren Kaufpreis so schnell wie möglich abarbeitet. Als sie im Frühjahr 1989 als Prostituierte aufhören und in einer Metzgerei als Verkäuferin arbeiten will, brüllt er sie an: »Wenn du nicht zahlst, mache ich dich einen Kopf kürzer!«

Sie resigniert, kündigt ihre Stelle in der Metzgerei und fängt dafür im »Club Aphrodite« an.

Die Kontrolle ist perfekt: »Karate-Kalli« bringt sie abends gegen 21 Uhr in das Lokal und holt sie morgens zwischen vier und fünf Uhr wieder ab. In dem Sex-Club verdient sie zwischen 200 und 600 Mark pro Schicht, von denen sie diesmal immerhin die Hälfte behalten kann. Doch neben ihren täglichen Abgaben muß sie auch die 5000 Mark, die »Karate-Kalli« an ihren früheren Besitzer gezahlt hat, in den nächsten Monaten abarbeiten. Als sie einige Wochen im Rückstand ist, tritt der Kickboxer seiner 18jährigen Neuerwerbung im Vorgarten eines Bordells »derart mit dem Fuß in die rechte Nierenseite, daß die Zeugin W. vor Schmerzen in die Knie ging und urinierte«, wie es in den Ermittlungsakten heißt.

Später allerdings, vor Gericht, konnte sich Anja an die Mißhandlungen nicht mehr erinnern. »Ihr Interesse an der Aufklärung hatte merklich nachgelassen«, kommentierte der Vorsitzende Richter nach dem Prozeß ihre Aussage. »Von ihren früheren, belastenden Aussagen blieb kaum noch etwas übrig.«

Abwechselnd hatte Anja auch im »Club Madame« und der »Dorett-Bar« angeschafft, zwei Sex-Clubs in unmittelbarer Ku'damm-Nähe. Pro Schicht arbeiteten dort ein Türsteher, zwei Schlepper sowie mindestens fünf Mädchen. Die Kunden – meist Touristen und auswärtige Geschäftsleute – wurden von den beiden Schleppern auf Berlins Flaniermeile angesprochen und entweder persönlich oder mit einer Visitenkarte in die beiden Clubs gelotst.

Siebenmal am Abend muß Anja hier auf einer Bühne nackt tanzen und bekommt pro Auftritt ganze zehn Mark zusätzlich. Die Getränke kosten in den beiden Etablissements zwischen 300 und 800 Mark, Sex im Séparée eingeschlossen. Nach einer halben Stunde klopft der Kellner an die Tür; will sich der Gast noch länger mit Anja oder einer der anderen Frauen vergnügen, muß er eine weitere Bestellung für mindestens 400 Mark aufgeben. Die Frau darf von diesem Betrag 100 Mark behalten.

Eine 17jährige für 10 000 Mark

Als Kellnerin und Striptease-Tänzerin arbeitet auch die 22jährige Dagmar S. in der »Dorett-Bar«. Ihr ehemaliger Zuhälter und Liebhaber Adnan K. allerdings, früher Regionalmeister im Mittelgewichtsboxen, ist damit nicht einverstanden und setzt sie immer wieder massiv unter Druck. Doch Adnan K. hat keineswegs moralische Bedenken. Er ist vielmehr überzeugt, daß Dagmar in dem Bordell nicht genug verdient und für ihn statt dessen an der Straße des 17. Juni auf den Strich gehen soll. Unter Boxern und ohne Dagmars Beteiligung kommt es jedoch schließlich zu einer Einigung: Als »Ablösesumme«, und damit er das Mädchen in Ruhe läßt, bekommt Adnan K. von »Karate-Kalli« 10 000 Mark. Natürlich soll Dagmar diese Summe in den kommenden Monaten an ihren neuen Beschützer zurückzahlen. Um mehr Geld zu verdienen und die Schulden schneller abzuarbeiten, entschließt sich die 22jährige nun, in der »Dorett-Bar« mit den Freiern auch zu schlafen. Denn zuvor hat sie dort nur als Tänzerin gearbeitet oder im Séparée gemeinsam mit anderen Mädchen vor einem Kunden lesbische Spielchen aufgeführt. Als Dagmar eines Tages aufhören will, wird »Karate-Kalli« ungemütlich: »Dann kannst du dir schon mal ein Krankenhaus aussuchen«, soll er die 22jährige angeschrien haben, die daraufhin wieder regelmäßig zur Arbeit erscheint.

Zu den Gästen der Bordelle, in denen Anja und Dagmar anschaffen gingen, gehören auch Prominente, die in der Regel anonym bleiben wollen und ihre oft horrenden Rechnungen deshalb anstandslos bezahlen – auch wenn hin und wieder ein Fläschchen Schampus zuviel auftaucht. Eine schlagzeilenträchtige Ausnahme machte der Fernsehschauspieler Werner Kreindl (»Soko«). Er beschwerte sich, als der »Club Madame« von seinem Kreditkartenkonto 10 450 Mark abbuchen ließ: »Die haben mich wie einen Bauern aus der Provinz reingelegt, noch zehn Flaschen Champagner zu je 630 Mark auf die Rechnung gesetzt«, klagte der TV-Star in einer Boulevardzeitung.[15] »Gemeinsam mit meinem Regisseur habe ich in dem Club nur einen Schlummertrunk genommen und wollte mich von den Dreharbeiten zu dem Didi-Hallervorden-Film ›Strohmann‹ erholen.«

Mit Anja allerdings kann sich Kreindl nicht amüsiert haben, denn schon vor seinem Besuch im »Club Madame« hat sie Karl-Peter I. für 10 000 Mark – immerhin glatt das Doppelte ihres »Anschaffungspreises« – an seinen Bekannten Mehmet K. weiterverkauft. Weil sie nicht ohne Grund glaubt, daß auch er sie auf den Strich schicken wird, setzt sich Anja W. schließlich aus Berlin ab und taucht bei Bekannten im Westen Deutschlands unter.

Als sie 19 Jahre alt wird, hat sie mit ihrem Körper bereits mehrere 100 000 Mark erarbeitet – die genaue Summe wußten wohl weder sie noch ihre Zuhälter je genau. Während Anja selbst nur ein kleiner Bruchteil blieb, haben ihre Luden gut an ihr verdient: Was ihr die Betreiber der Kinos, Bars und Bordelle ließen, strichen anschließend »Malle«, ihre große Liebe Steffen und »Karate-Kalli« ein.

Jahrelang zogen sich die Ermittlungen gegen die Männer hin, und als es im Herbst 1993 schließlich zu einem Prozeß kam, hatte die Aussagebereitschaft der Frauen rapide abgenommen. Für alle Angeklagten endete das Verfahren schließlich mit milden Bewährungsstrafen.

V. Triebkraft Geld

Der Weg von Anja W. durch Bars und Bordelle ist weder ein Einzel-noch ein Extremfall: Zehntausende von jungen Frauen gehen für »ihren« Mann auf den Strich, liefern ihm jeden Tag fast ihre gesamten Einnahmen ab und dürfen für sich selbst nur ein Taschengeld behalten. Wie rücksichtslos sie ausgebeutet werden, merken die meisten erst, wenn es zu spät ist. »Nee, alles habe ich den Scheißheinis für ihre Autos gegeben«, berichtet im Hydra-Magazin »Nachtexpress« die 55jährige Exprostituierte Geli. »Das könnte mir heute nicht mehr passieren, aber das sagt man so leicht. Das ist so schwer, das jüngeren Frauen plausibel zu machen, wenn die anfangen.«[1]

Die Schuldenfalle

Auch wenn sich die Formen nicht immer gleichen, wenden die »klassischen« Zuhälter immer dieselbe erfolgreiche Taktik an: Die Mädchen werden in eine Schuldenfalle getrieben, aus der es kaum noch ein Entrinnen gibt. Über wirkliche oder vorgespielte finanzielle Abhängigkeiten bekommen die Luden ein Druckmittel in die Hand, das sie bei jedem Konflikt ausspielen können. Es sind die typischen Tricks des Rotlichtmilieus – jenes halblegalen, vom Staat meist geduldeten und stets florierenden Wirtschaftszweigs, den es von Flensburg bis Freiburg in jeder größeren deutschen Stadt gibt.

Neben vielen Clubs und Bordellen ist auch der Straßenstrich fast überall in deutschen Großstädten fest in der Hand von Zuhältern. Es ist ein untrügliches Indiz für die Macht des Milieus, wenn die Prostituierten an einer Straße alle im gleichen Stil gekleidet sind. Die Zuhälter schreiben vor, in welcher Aufmachung die Frauen ihre Freier anlocken sollen.

»Eine Kleiderordnung gehört auf dem Strich zu den Grundregeln«, sagt Andreas Pahl, Chef der Abteilung für Organisierte Kriminalität bei der Berliner Polizei.

Bevor sie am Bordstein auf den ersten Freier warten dürfen, müssen sich die Mädchen eine teure Grundausstattung zulegen, die von ihren »Beschützern« vorfinanziert wird. Die Kosten für die Standardkleidung auf dem Straßenstrich – hohe Lederstiefel oder Pumps, enganliegender Gymnastikanzug und im Winter eine modische Skijacke – summieren sich schnell auf einen vierstelligen Betrag. Zudem müssen sich viele Mädchen beim Friseur für Preise um die 1000 Mark eine füllige Lockenpracht anschweißen lassen.

Was einerseits die Freier ködern soll, erhöht zugleich die Abhängigkeit der Frau, denn bevor sie überhaupt den ersten Mann bedienen darf, hat sie bei ihrem Zuhälter bereits hohe Schulden. »Die Klamotten waren astrein, aber du hattest keinen Pfennig in der Tasche«, erinnert sich Milieukennerin Geli. Zusammen mit den »Gebühren« für Aufpasser- und Abholdienste häufen sich schnell mehrere tausend Mark an, die von einem Mädchen abgearbeitet werden müssen. Es ist im Milieu durchweg üblich, daß der Zuhälter sämtliche Kosten für Kleider und Kosmetik trägt. Auch wenn das Geld natürlich von der Prostituierten selbst stammt, entsteht so der Eindruck einer ständigen finanziellen Abhängigkeit von dem jeweiligen »Beschützer«. Bei Konflikten werden diese Ausgaben von den Zuhältern massiv »zurückgefordert«.

Die wirklichen oder vermeintlichen Schulden sind der wirksamste Hebel, um die Frauen unter Druck zu setzen und weiter in der Prostitution zu halten. Ist ein Mädchen erst einmal in der Schuldenfalle gefangen, wenden die Luden die gleiche Technik wie bei der Schutzgelderpressung an: »Zahlst du, beschütze ich dich, und du brauchst keine Angst zu haben – zahlst du nicht, mußt du mit allem rechnen!«

Oft werden die Prostituierten von ihren Zuhältern sogar erst einmal zum Schönheitschirurgen geschickt. »Hinterher sehen sie alle aus wie perfekte Plastikpüppchen«, sagt die Exprostituierte Renate

D., die jahrelang an der Potsdamer Straße in Berlin und später in St. Pauli gearbeitet hat. »Es ist der Traum fast aller Mädchen im Milieu, sich vom Arzt einen perfekten Busen modellieren zu lassen.« In der Nähe von Hamburg gibt es eine Schönheitsklinik, die bei den St.-Pauli-Luden als gute Adresse gilt und wo jedes Jahr Dutzende von Prostituierten unters Messer kommen.

Mit künstlichen Locken, gerichteter Nase, gestrafften Brüsten und gebräunter Haut ähneln viele Frauen auf dem Strich kaum mehr ihrem ursprünglichen Aussehen. Natürlich werden auch die Operationen beim Schönheitschirurgen von den Zuhältern vorfinanziert. »Gerade die jungen Mädchen«, so Renate D., »berichten ganz stolz, was ihnen ihr Lude schon wieder alles spendiert hat – und merken gar nicht, daß es nur ihr eigenes Geld war und sie immer abhängiger werden.«

Auch die 55jährige Geli hat in ihrem Berufsleben immer wieder die gleiche Erfahrung gemacht: »Die jungen Dinger lassen sich viel zu leicht einwickeln«, berichtet sie. »Die lassen sich was erzählen, und dann bekommen sie mal einen Ring geschenkt oder ein Kettchen, und dann denken sie gleich, es ist die große Liebe.«[2]

40 000 Mark Ablöse

Gibt es Probleme oder will eine Frau aussteigen, entscheiden sich die Zuhälter meist dafür, ihre »Partie« für einen angemessenen Preis an einen Kollegen weiterzuverkaufen. Die Frauen selbst erfahren oft erst im nachhinein, daß ihr Besitzer gewechselt hat: »28 000 Mark, und bums war ich in Frankfurt«, berichtet die Hamburgerin Susan (26) vom unfreiwilligen Wechsel ihres Arbeitsplatzes. »Was sollte ich machen? Im ersten Augenblick war ich sogar stolz darauf, 28 Mille wert zu sein.«[3]

Auch ihre Kollegin Geli erinnert sich noch genau daran, wie sie in St. Pauli zum erstenmal verkauft wurde und in ihrem Zimmer auf einmal ein Mann stand, »den ich so vom Sehen kannte. Ich sag: ›Was willst denn du hier?‹ Klatsch! bekam ich rechts und links eine geknallt. ›Du hältst das Maul!‹ sagt der. ›Du gehörst jetzt nämlich mir.‹ Ich sag: ›Wie bitte? Wieso gehöre ich dir? Noch gehöre ich mir selber.‹ ›Ja‹, sagt er, ›Helmut hat dich verkauft an mich für 50 000 Mark.‹«

Für den neuen Besitzer lohnt sich eine solche Investition fast immer, denn mit einem jungen hübschen Mädchen kann er in wenigen Monaten ohne Probleme mehr als 100 000 Mark verdienen[4] – im Vergleich zu anderen Geschäften eine beeindruckende Rendite. Ein Mitarbeiter der Hamburger Kriminalpolizei hat ausgerechnet, daß eine attraktive Prostituierte in zehn Jahren bis zu 1,8 Millionen Mark umsetzt; in Einzelfällen sogar deutlich mehr.[5]

Will jedoch eine Frau aussteigen, bevor sie wenigstens ihren Kaufpreis erarbeitet hat, drohen Schläge oder Schlimmeres – denn welcher Investor möchte schon gern sein Geld in den Sand setzen?! »Der hat mich in den Puff gefahren, der hat mich abgeholt«, erinnert sich Geli an einen ihrer Besitzer. »Alleinsein war gar nicht drin. Ich hätte auch nicht flitzengehen können. Das war ein Ding der Unmöglichkeit.« Als er sie eines Tages so zusammenschlägt, daß sie für mehr als eine Woche ins Hamburger Hafenkrankenhaus muß, postiert er am Tag ihrer Entlassung an jedem Ausgang einen Helfer. »Da bin ich aus dem Hauptausgang rausgegangen, und da stand er dann. ›Na, Fräulein‹, sagt er, ›hast du gedacht, du kannst mir entwischen? Dafür müßtest du eigentlich gleich wieder eins in die Fresse kriegen.‹«

Doch selbst wenn ein Zuhälter die von ihm gezahlte Ablösesumme schon längst wieder kassiert hat, findet sich kein Lude mit einem kostenlosen Ausstieg oder Besitzerwechsel seiner »Partie« ab. »Alles, was er einer Frau bezahlt hat, wird dann aufgelistet – selbst wenn in Wirklichkeit das gesamte Geld von ihr selbst stammt«, sagt die Exprostituierte Renate. Kaum eine Frau kann sich gegen diesen Druck wehren, und bis die Forderungen abgearbeitet sind, gibt es irgendwo anders schon wieder neue Schulden.

Als sich Geli von ihrem Luden freikaufen wollte, handelte sie mit ihm eine Ablösesumme von 40 000 Mark aus. In ihrem Eros-Center hatte sie »eine sehr gute Chefin, bei der ich immer was beiseite legen konnte. Wenn ich einen Freier hatte mit 300 Mark, dann habe ich 200 für den Kerl zurückgetan und 100 für mich.« Wie viele ältere Prostituierte hatte auch sie sich mittlerweile auf S/M-Sex spezialisiert, bei dem der Grundtarif für eine Stunde bei 300 Mark liegt.

Selbstverständlich mußte Geli während dieser Zeit neben der Ablösesumme für ihren Zuhälter auch noch die Tagesmiete für das Zimmer in ihrem »Dirnenwohnheim« an der Herbertstraße zahlen. »Damals hatten wir eine Hartdomina im Haus, und die hat mich erst als Sklavin, dann als Zartdomina und so nach und nach als Hartdomina ausgebildet.« Vor ihrem Zuhälter konnte sie ihre höheren Tageseinnahmen verheimlichen, »und dadurch konnte ich einiges zur Seite packen«. Auch als Domenica, Deutschlands prominenteste Prostituierte, ihren Zuhälter verlassen wollte, mußte sie ihm einen Ring im Wert von 13 000 Mark kaufen, berichtet sie in ihren Memoiren.[6]

Nur wenige Huren schaffen allerdings wirklich den Ausstieg: Nachdem etwa Geli die geforderten 40 000 Mark an ihren ehemaligen Besitzer abgezahlt hat, läßt sie sich wenig später noch einmal von einem »Beschützer« ausbeuten: »Ein Zuhälter in dem Sinne war er nicht«, verklärt sie ein wenig die Erinnerung an den Mann. »Das kann ich nun nicht sagen, daß er nur auf meine Kohle aus war, auch wenn er sie genommen hat. Er war freiberuflich Fotograf, und wir hatten eine große Kassette, und da kam alles rein, was er und was ich verdient haben.« Bei einem Streit stößt er sie schließlich eine Treppe herunter und malträtiert sie mit Fußtritten – »ich bin dabei fast draufgegangen«.

Ist eine Frau erst einmal im Milieu gefangen, entsteht neben der finanziellen und emotionalen Abhängigkeit auch eine gesellschaftliche Isolierung, die einen Ausstieg nahezu unmöglich macht. Auf die Frage, ob sie sich denn nicht immer wieder die »falschen Männer« ausgesucht habe, antwortet die mittlerweile 55jährige Geli: »Ausgesucht? Ich habe immer die falschen Kerle kennengelernt, weil man ja ewig in diesem verdammten Kreis drin war, und aus diesem Kreis kam man nicht raus.«[7]

Das Grundprinzip aller Zuhälter, die Frauen in finanzielle Abhängigkeit zu verstricken, hat im Milieu lange Tradition: »Unter der Schuldsklaverei der Bordellwirte leiden alle«, schrieb der SPD-Führer August Bebel schon 1907. »Ohne daß die Schulden bezahlt werden, entläßt sie kein Wirt.« Bebels Resümee der damaligen Zustände trifft auf das Rotlichtmilieu auch noch heute zu: »Kurz, wir haben hier mitten in der christlichen Zivilisation eine Sklaverei schlimmster Art.«[8]

Der Ehrenkodex

Während der Arbeitszeit bleiben die Luden allerdings meist im Hintergrund und kassieren auch auf dem Straßenstrich nur zwischendurch kurz ab. Friedliche Freier sollen schließlich nicht durch martialisches Gehabe verschreckt werden. Doch weit nach Mitternacht, wenn der Andrang nachläßt, trifft man sich wieder.

In einer Kneipe am Berliner Ostkreuz wiederholt sich jeden Morgen zwischen drei und vier Uhr dasselbe Bild: Während sich ihre »Partien« nach der Schicht mit einer heißen Tasse Kaffee stärken, fahren die Männer im protzigen Porsche oder Mercedes vor, trinken an der Bar ein schnelles Bier, führen vielleicht am Telefon noch ein paar Geschäftsgespräche und fahren schließlich mit einem oder mehreren Mädchen davon. Wieviel Geld die Frauen schließlich doch noch selbst behalten dürfen, hängt jeweils vom Einzelfall ab. Die Spanne reicht vom schieren Nichts bis zu Beträgen, die trotz aller Abgaben noch attraktiv sind – vor allem, wenn die Alternative ein Job am Fließband oder an der Supermarktkasse wäre. Unter Zuhältern und Prostituierten gibt es ein Gesetz, das jeder kennt und ohne das die Geschäfte niemals gedeihen könnten:

– Sowohl für Zuhälter als auch für Prostituierte ist jede Zusammenarbeit mit der Polizei strengstens verboten.

Dies ist die wichtigste, nahezu heilige Regel der Branche. Wer sie bricht, bekommt im Milieu nie wieder ein Bein auf den Boden und muß im schlimmsten Fall mit dem Tod rechnen. Zugleich herrscht jedoch auch eine Art Ehrenkodex im Milieu, der belastende Aussagen bei Polizei und Justiz verbietet. Als etwa die Exprostituierte Geli von ihrem letzten Zuhälter in Hamburg eine Treppe hinuntergestoßen und anschließend fast totgeschlagen wurde, verzichtete sie darauf, ihn bei der Polizei zu belasten – »und du wirst lachen, darauf bin ich auch stolz, daß ich noch nie einen hab hochgehen lassen«.[9] Schalten ein Lude oder eine Nutte bei Konflikten tatsächlich einmal von selbst die Polizei ein, ist dies der allerletzte, oft verzweifelte Ausweg, von dem es meist kein Zurück mehr gibt.

Vor dem Prozeß gegen eine Hamburger Kiezgröße wurden zehn Prostituierte in ein regelrechtes »Zeugentrainingslager« gebracht und vom Strafverteidiger informiert, wie sie vor Gericht aussagen sollten. Bei begriffsstutzigen Frauen halfen ein paar Schläge nach.[10] Und als eine ehemalige »Partie« im Prozeß gegen drei Zuhälter vom Leipziger Straßenstrich die Angeklagten schwer belastete, sagte ein Zuhörer vom Kiez spontan: »Die stirbt doch, wenn sie hier rauskommt.«[11] Daneben gibt es im Milieu noch weitere Gesetze:

– Kein Zuhälter darf die Prostituierte eines anderen mißhandeln; anderenfalls kostet das eine Strafe, deren Höhe dem Arbeitsausfall der Prostituierten entspricht.

– Kein Zuhälter darf sich bei einer anderen Prostituierten aufhalten oder diese ansprechen, sofern ihr Zuhälter dies nicht erlaubt hat. Für den Verstoß müssen Strafgelder in Höhe von 500 Mark aufwärts bezahlt werden.

– Keine Prostituierte darf sich bei einem anderen Zuhälter ins Auto setzen, sofern das nicht von ihrem Zuhälter angeordnet ist. Bei einem Verstoß wird die Prostituierte mißhandelt. Eine Ausnahme gibt es nur dann, wenn eine akute Gefahr für die Frauen besteht oder die Polizei auf dem Strich ermittelt.

– Kein Zuhälter darf bei einer Prostituierten, die ihm nicht gehört, einen »Testfreier« vorbeischicken oder selbst als »Testfreier« auftreten. Ausnahmen kann es nur für Zuhälter geben, die aus einer fremden Stadt stammen.[12]

Auf dem Straßenstrich gliedert sich die festgefügte Hierarchie im allgemeinen in drei Stufen: Oben steht ein »Chef«, der meist das gesamte Gebiet beherrscht. Ihm unterstehen die einzelnen Zuhälter, die wiederum eine oder mehrere Frauen kontrollieren. Mit dem »Besitzer« einer Straße müssen die jeweiligen Zuhälter aushandeln, ob und unter welchen Bedingungen ein Mädchen dort stehen darf. Zugleich legt er für sein Gebiet Regeln fest, die von allen Frauen beachtet werden müssen: So galt in St. Pauli lange die Vorschrift, daß die Nutten nicht weiter als einen Meter von der Hauswand entfernt stehen dürfen.

Für die Vergabe eines Platzes kassiert der »Chef« zwischen 50 und 200 Mark pro Nacht. Dieses Geld muß das Mädchen natürlich ebenso verdienen wie die tägliche Abgabe an ihren persönlichen Beschützer. »Mit der Frau verhandelt der Inhaber der Straße in der Regel gar nicht, sondern nur mit ihrem Freund oder Zuhälter«, beschreibt der frühere Staatsanwalt Frank Buckow die Geschäftssitten im Milieu.[13] »Frauen oder Zuhälter, die nicht zahlen wollen, werden sanktioniert« – durch Strafgelder, Schläge oder Schlimmeres: Im Oktober 1994 hob die Polizei im Ruhrgebiet einen Ring von 21 Zuhältern aus, der deutsche und osteuropäische Prostituierte mit brutalsten Mitteln in seine Gewalt gebracht hatte. »Die Frauen wurden in Domina-Studios angekettet, ausgepeitscht und geschlagen«, berichtete ein Polizeisprecher.[14] Ein Teil der Opfer hatte zunächst in einem Recklinghäuser Sex-Club auf eigene Rechnung gearbeitet und war dann in die Fänge des Ludenclans geraten. Für ihre neuen »Beschützer« mußten die Frauen bis zu 16 Stunden am Tag in Bordellen oder auf dem Straßenstrich verschiedener Ruhrgebietsstädte arbeiten.

Das Verhältnis zwischen dem Inhaber der Straße und seinen Untergebenen ist nicht immer gleich: Mal braucht dem »Chef« nur eine tägliche Abgabe gezahlt zu werden, mal teilt er die Nutten den Zuhältern direkt zu. Er muß jedoch immer zustimmen, wenn eine Hure an einen anderen Luden weiterverkauft werden soll – während die Frau selbst davon oft als letzte erfährt.

Die Parkplätze und Stundenhotels, wohin die Mädchen mit ihren Freiern fahren, läßt der Straßenchef meist von jungen Mitarbeitern überwachen, die gerade am Beginn ihrer Milieukarriere stehen. Zwar sollen die Frauen auch vor brutalen oder zahlungsunwilligen Kunden geschützt werden, doch zugleich kontrollieren die Helfer, wie viele Männer ein Mädchen hat und wie lange es mit ihnen zusammenbleibt. Zusätzlich überprüft ein »Testfreier« gelegentlich, wie sich die Frauen beim Sex verhalten und ob sie einen eventuellen Mehrverdienst tatsächlich an ihren Zuhälter weitergeben. »Und dann haben sie auch Leute bezahlt, die uns kontrolliert haben«, berichtet Geli von den Geschäftssitten im Milieu. »Ob wir ohne Gummi arbeiten, ob Blasen ohne Gummi und alle diese Scherze. Sogar die Zeit haben sie überwacht.«[15]

Wie die Mädchen sind natürlich auch die Straßen verkäuflich. Wird genug geboten oder will sich ein Chef anderen Geschäftsbereichen zuwenden, wechselt ein Abschnitt oder gleich die ganze Gegend den »Besitzer«. Sperrgebiete, wie sie in nahezu allen deutschen Großstädten existieren, verstärken naturgemäß den Einfluß der Zuhälter. Weder für konkurrierende Gruppen noch für die Frauen gibt es Ausweichmöglichkeiten, so daß der Streit um die Vorherrschaft in einem Gebiet oft besonders scharf entbrennt.

»Besser als bei Aldi an der Kasse«

Auch auf dem Straßenstrich gibt es allerdings Prostituierte, die mit Erlaubnis der Zuhälter zunächst kein Geld abzugeben brauchen und in ihre eigene Tasche wirtschaften können. Diese sogenannten Erstfrauen – im Gegensatz zu den Zweitfrauen oder »Partien« – verlieren ihr Privileg jedoch meist nach einiger Zeit und müssen an den Straßeninhaber und ihre jeweiligen Beschützer schließlich ebenso eine Abgabe zahlen. Sie erhöht sich im Lauf der Zeit und umfaßt irgendwann fast immer den gesamten Verdienst. Vielen Frauen, die etwa auf dem Straßenstrich in Städten wie Hamburg, Leipzig oder Berlin arbeiten, bleibt pro Tag nur ein winziges Taschengeld.

Auch Deutschlands Vorzeigehure Domenica zahlte an ihren Freund und Zuhälter Hanne im Lauf der Jahre mindestens eine halbe Million Mark – »ohne jede Gegenleistung«, wie sie in ihrem Lebensbericht klagt.[16] Ihre 26jährige Kollegin Susan berichtet, daß ihr ein Lude in Hamburg pro Tag gerade mal 30 Mark ließ und sie bei einem anderen jeden Morgen grundsätzlich 400 Mark auf den Tisch legen mußte. Als sie eines Nachts nur 370 Mark verdient hatte, »fing er an rumzuspinnen und donnerte mich oben in unserer Wohnung durch die Gegend«, wie sich Susan erinnert. »Aber ich habe mich geweigert und gesagt, du kannst mich totschlagen. Da hat er auf mich draufgekloppt wie ein Berserker.«

Doch als sie einige Zeit nach diesem Erlebnis aussteigen und dauerhaft in einer Fabrik arbeiten will, bleibt es beim Versuch: »Das war mir dann doch zu wenig Geld. Also bin ich wieder ackern gegangen, in der Nähe von Itzehoe.«[17]

Nicht ohne eine gewisse Wehmut erinnert sich auch die frühere Prostituierte Christine an vergangene Zeiten: »Selbst wenn ich viel Geld an meine Männer abgeben mußte, habe ich doch jede Nacht Champagner getrunken und bin natürlich immer nur mit dem Taxi gefahren.« Heute lebt sie von einer mager bezahlten ABM-Stelle bei der Nürnberger Stadtverwaltung, trinkt Sekt höchstens zu Festtagen und kommt jeden Morgen mit dem Bus zur Arbeit. »Das war schon eine ziemliche Umstellung.« Der Reiz des Milieus – für viele Frauen übt er trotz aller Ausbeutung eine magische Anziehungskraft aus. »Prostitution ist ein knallhartes Geschäft«, schreibt auch die Prostituierte Sara im »Nachtexpress«. »Aber dieser Job ist immer noch besser, als bei Aldi an der Kasse zu sitzen.«[18]

Auch entwickeln viele Mädchen ganz von selbst den eigentümlichen Ehrgeiz, daß ihr Zuhälter der reichste und erfolgreichste in der jeweiligen Szene ist. »Was, der Kerl von ihr hat den Wagen? Mensch, meiner muß einen größeren haben«, gibt Geli die Gefühle vieler ihrer Kolleginnen wieder. »Das war für uns auch eine Prestigefrage.«

Ähnliches berichtet Domenica: »Die schmücken sich mit dem Kerl«, schreibt sie in ihren Memoiren. »Das ist nicht so, daß eine mal sagt: ›Ich werd von meinem Luden unterdrückt.‹ Die sind stolz drauf, die sagen: ›Guck mal, mein Mann!‹ oder ›Mein Herr, guck mal, was der für schönen Schmuck hat.‹« Eine Zeitlang waren auf St. Pauli sogar die Frauen am angesehensten, deren Zuhälter das meiste Gewicht auf die Waage brachten: »Mein Lude muß zwei Zentner haben«, erinnert sich Domenica an jene Zeiten. »Je dicker der Dudel, um so angesehener die Frau.«[19]

Auch erhöht es den Status einer Prostituierten, wenn ihr Zuhälter – zu dem sie ja meist auch eine sexuelle Beziehung hat – noch andere Mädchen auf den Strich schickt und natürlich auch mit ihnen schläft. »Heute wird der Lude ja desto höher eingeschätzt, je mehr Weiber er hat«, berichtet Geli,[20] und auch Domenica weiß von vielen

Prostituierten, die sich bei ihrem Zuhälter langsam in der Hierarchie hocharbeiteten: »Waren Nummer zehn und wollten Nummer eins werden. Keine sagte, ich bin für ihn nur eine Geldquelle.«[21]

Die Chance, daß sich Frauen gemeinsam gegen die Ausbeutung wehren, ist gering: »Das wird sehr schwer sein, weil die Frauen sich nicht einig sind«, sagt etwa Geli nach mehr als drei Jahrzehnten im Milieu. »Die eine sagt: ›Ja, wieso, ich liebe meinen‹ und so. Irgendwer würde dann doch wieder querschießen.« Auch nach den Erfahrungen ihrer Berufskollegin Susan (26) gibt es »keine Freundschaft unter Prostituierten, die auf der Straße arbeiten. Man kann sich nie ausquatschen bei der anderen, weil da immer der Konkurrenzkampf ist.«

Erst nach Jahren oder Jahrzehnten merken die meisten, wie sehr sie ausgebeutet wurden: »Ich hatte das Pech, daß ich immer solche Autofreaks als Freunde hatte«, sagte Geli nicht ohne eine gewisse Bitterkeit. »Das Geld, das ich für meine Luden in Autos gesteckt habe, das möchte ich jetzt hier auf dem Tisch haben, dann hätte ich mein Leben lang ausgesorgt.«[22]

Das Startkapital: eine halbe Million und ein Mord

Maßanzüge und schnelle Autos, Geldgeschäfte und rauschende Feste, Brillantringe und Platinuhren – solange sie nicht im Gefängnis sitzen, läßt der Lebensstil vieler Rotlichtgrößen an Luxus nichts zu wünschen übrig. Denn die Einkommensquellen sprudeln im dunkeln und weit an der Steuer vorbei.

Der ideale Karriereweg umfaßt in der Regel immer die gleichen Stufen: vom Kellner, Türsteher oder Schläger über den Zuhälter zur einflußreichen Autorität. Denn wer es im Milieu tatsächlich zu etwas gebracht hat, kann irgendwann auf ein feingesponnenes Netz von Beziehungen und Einflußmöglichkeiten zurückgreifen, das Gewaltanwendung »nur noch in Ausnahmefällen notwendig macht«, wie der ehemalige Staatsanwalt und Rotlichtexperte Frank Buckow weiß. »Das Ausnutzen von gegenseitigen Abhängigkeiten ist schließlich wesentlich effektiver.«

Der Frankfurter Kriminalkommissar Bernhard Kowalski hat die kriminellen Karrieren zahlreicher Rotlichtgrößen analysieren lassen und kam zu einem verblüffenden Ergebnis: Bis zu einem bestimmten Alter – meist zwischen 25 und 35 – häufen sich Delikte wie Raub, Erpressung, Zuhälterei, schwere und gefährliche Körperverletzung – und dann ist plötzlich Schluß. Die Männer haben sich im Milieu einen Ruf erkämpft und nutzen ihn nun geschickt und möglichst gefahrlos für ihre Geschäfte aus. »Nur wer beim Boxen zuviel auf die Birne bekommen hat, macht dann immer noch mit der gewöhnlichen Kriminalität weiter«, hat Kowalski festgestellt. Hohe Vorstrafen sind bares Geld wert: Als etwa das Bordell »Sauna 2000« im Frankfurter Bahnhofsviertel von zwei Kompagnons übernommen wurde, brachten die beiden unterschiedliches Kapital mit: der eine 500 000 Mark, der andere eine Verurteilung wegen Mordes. Kripo-Mann Kowalski: »Es ist schwer zu sagen, was in der Szene mehr wert ist.«

Für den nötigen Rechtsbeistand sorgen Anwälte, die sich auf Klienten aus dem Milieu spezialisiert haben. Bordelliers und Rotlichtgrößen gehören zu den begehrtesten Kunden von Strafverteidigern, »denn mit ihnen läßt sich richtig Kohle machen«, wie ein bekannter Berliner Anwalt sagt. »Wenn es mit der Polizei oder der Justiz Probleme gibt, kommen manche jeden zweiten Tag vorbei und lassen jedesmal einen Tausender auf dem Schreibtisch liegen.« In einem großen Leipziger Zuhälterprozeß gab eine Prostituierte als Zeugin an, daß einer der Verteidiger von seinem Mandanten aus dem Milieu jede Woche 1500 Mark erhielt; der smarte Anwalt konnte in dieser Aussage »keinen Vorwurf« erkennen.[23] In dem Prozeß mußten sich der mutmaßliche Chef des Straßenstrichs an der Roscherstraße und zwei seiner Kollegen wegen versuchten Totschlags und anderer Gewalttaten verantworten.

Auch bei den sonstigen Versuchungen des Milieus wird die Standhaftigkeit der Rechtsexperten bisweilen auf die Probe gestellt: Viele Bordelliers bieten ihren Rechtsanwälten kostenlosen Sex an und versuchen nicht ohne Erfolg, Abhängigkeiten zu schaffen. Gerne wird in feuchtfröhlicher Juristenrunde auch schon mal erzählt, daß ein gewisser Zuhälter hohe Anwaltsschulden hat und es nun an der Zeit sei, die Außenstände »abzuvögeln«.

Wer sich von seinem Rechtsbeistand vernünftig beraten läßt und bei den Sex-Geschäften sowie anderen Aktivitäten mit Umsicht vorgeht, ist für Polizei und Justiz kaum noch zu greifen. Auch wenn die Ermittler wissen, daß sich viele Rotlichtgrößen ständig am Rande der Legalität bewegen, »kommt bei den meisten höchstens mal ein Verfahren wegen unerlaubten Glücksspiels heraus«, wie Kripo-Mann Kowalski weiß.

Muß sich eine arrivierte Rotlichtgröße tatsächlich einmal vor Gericht verantworten, entfalten die Strafverteidiger oft eine rege Öffentlichkeitsarbeit: Die Presse wird gezielt mit angeblichen Insiderinformationen versorgt, die den Angeklagten als Opfer einer rachsüchtigen Justiz erscheinen lassen. Bei unliebsamer Berichterstattung schlagen manche Milieuanwälte jedoch sofort mit Gegendarstellungen oder gar Verleumdungsklagen und persönlichen Schadenersatzforderungen zurück. Zugleich werden die ermittelnden Staatsanwälte mit Dienstaufsichtsbeschwerden oder Strafanzeigen überzogen.

Viele ehemalige Zuhälter treten ihre direkten Beteiligungen an Bordellen oder Sex-Clubs im Lauf der Zeit an Strohmänner ab und konzentrieren sich auf diskretere, aber keineswegs weniger lukrative Geschäfte. Nach Erkenntnissen des Bundeskriminalamts gestaltet sich die Geldanlage von Rotlichtgrößen stufenförmig:

1. Das Geld wird zur Steigerung des Lebensstandards »verlebt« (Nobelautos, Schmuck, teure Kleidung etc.).
2. Reinvestition in die Prostitution (Kauf von Frauen oder Anteilen an Bordellen, Sex-Clubs und dem Straßenstrich).
3. Gewinnmaximierung durch die Beteiligung an weiteren kriminellen Geschäften (Drogen, Waffen, illegales Glücksspiel, Autodiebstahl).
4. Investition in legale Unternehmen.[24]

Die nächsthöhere Stufe wird jedoch meist nur dann angestrebt, wenn die vorherige bereits ausgereizt ist und keine Gewinnsteigerung mehr verspricht. Doch auch der Wunsch nach sozialem Aufstieg und gesellschaftlicher Anerkennung kann ein wichtiges Motiv für den Wechsel der Branche sein. Neben Spielhallen, Sex-Shops, Szenekneipen und Sportstudios gibt es nach Erkenntnissen des BKA in Deutschland auch zahlreiche Nobelrestaurants, Schmuckgeschäfte und Immobilienfirmen, die von Rotlichtgrößen betrieben werden. Ziel solcher Aktivitäten ist es meist, das aus »illegalen Aktivitäten erwirtschaftete Geld in den legalen Wirtschaftskreislauf einzubringen«[25]. Die Wiesbadener Behörde vermutet, daß es auch in Deutschland mittlerweile Wirtschaftsanwälte und Unternehmensberatungen gibt, die sich auf diese Form der Geldwäsche spezialisiert haben und in der Szene weiterempfohlen werden.[26]

Die ins legale Geschäft übergewechselten Rotlichtgrößen sind zugleich bemüht, in der Öffentlichkeit als »seriöse Unternehmer« zu erscheinen und ihre Kontakte zum Milieu soweit wie möglich zu verschleiern. Da sie meist über erhebliche Finanzmittel verfügen und nicht auf Bankkredite angewiesen sind, können sie legale Mitkonkurrenten einfach ausbluten lassen. Gern verlegen sich ehemalige und aktive Zuhälter auch auf Finanzgeschäfte aller Art – wobei die im Sex-Geschäft erlernten Techniken weiter von großem Nutzen sein können.

Der Weg nach oben

»Wenn irgendwo Auseinandersetzungen waren, in irgendeinem Lokal, in irgendwelchen Läden, Diskotheken oder Nachtlokalen, immer haben sie Klaus gerufen«, beschrieb der Berliner Klaus S. im Sommer 1986 bei einem Rundfunkinterview seine Stellung im Milieu. Auch er hatte seine Karriere zunächst als Kellner begonnen, es jedoch schon als 23jähriger zum Anführer einer Zuhälterbande gebracht.

Im Juni 1970 sorgte er bei einer legendären Straßenschlacht auf der in der Nähe des Ku'damm gelegenen Bleibtreustraße – von Eingeweihten später auch Bleistreustraße genannt – zum erstenmal für Schlagzeilen: Weil sie sich nicht über Schutzgelder und Reviergrenzen einigen konnten, nahmen sich zu nachtschlafener Zeit deutsche und iranische Zuhälter gegenseitig unter Feuer; ein toter und drei schwerverletzte Perser blieben damals neben zahlreichen zerschossenen Autos auf dem Pflaster liegen. Passanten kamen nicht zu Schaden – wie überhaupt bei Zuhälterkriegen glücklicherweise fast nie Außenstehende als Opfer zu beklagen sind.

Klaus S. erhielt eine vergleichsweise glimpfliche Strafe, und schon im Gefängnis wuchs er zu einem einflußreichen Schlichter für Streitigkeiten aller Art heran. Sowohl seiner Schlagkraft als auch seiner Schlagfertigkeit hatte er es zu verdanken, daß er vom Kiez- zum Knastkönig wurde.

Beeindruckt von seinem Einfluß und seiner Autorität war auch ein Häftling namens Horst Mahler, seines Zeichens Wirtschaftsanwalt und Verteidiger von RAF-Mitgliedern. Er saß wegen Beihilfe zur gewaltsamen Befreiung des Terroristen Andreas Baader eine zehnjährige Gefängnisstrafe ab. S. und Mahler freundeten sich an, und als schließlich beide freikamen, machte der ehemalige Kiezkönig den ehemaligen RAF-Verteidiger zu seinem Hausanwalt.

Dank seiner Beziehungen und seiner persönlichen Ausstrahlung begann für Klaus S. nach der Entlassung ein rasanter sozialer Aufstieg, der ihn schnell in die höheren Kreise nicht nur der Berliner Gesellschaft führte. Fast schon berühmt wurde später ein Foto, das ihn gemeinsam mit Hannelore Kohl und dem ehemaligen Verteidigungsminister Rupert Scholz am Roulettetisch eines Spielcasinos zeigt. »Setzen Sie mal auf die 18«, soll er der Kanzlergattin bei dieser Gelegenheit ins Ohr geflüstert haben, die daraufhin tatsächlich 5000 Mark gewann. Auf anderen Bildern ist er gemeinsam mit den Regierenden Bürgermeistern Momper oder Diepgen zu sehen.

Immer wieder drängt es Rotlichtgrößen in die Nähe von Politikern. Als etwa Hamburgs damaliger Regierungschef Klaus von Dohnanyi am Hans-Albers-Platz ein Denkmal enthüllte, sorgte »Ringo« K. als selbsternannter Bodyguard für Ordnung und bemühte sich erfolgreich, »den Herrn der Oberwelt vor den Herren der Unterwelt zu schützen«[27]. Der legendäre Berliner Bordellier Otto Schwanz, der später unter anderem wegen Bestechung des Baustadtrates Wolfgang Antes zu einer hohen Haftstrafe verurteilt wurde, gehörte als CDU-Mitglied bei der feierlichen Einweihung des »Internationalen Congress Centrums« (ICC) sogar ganz offiziell zu den Ehrengästen. Lautstark stritten sich CDU und SPD später im Abgeordnetenhaus, wer den stadtbekannten Bordellier mit dem markanten Namen zu der Festivität eingeladen hatte.

Während der 80er Jahre gediehen gerade auf der Insel West-Berlin

die Beziehungen zwischen Rotlichtmilieu und lokaler Politpromi-
nenz besonders gut. Um über einen Strohmann den Pachtvertrag für
das lukrative »Café Europa« am Breitscheidplatz gleich gegenüber
der Gedächtniskirche zu ergattern, zahlte Otto Schwanz an den damaligen Charlottenburger Baustadtrat Wolfgang Antes 50 000
Mark. Nicht auf Bares, sondern auf Barbusiges verlegte sich der ehemalige Jugendstadtrat Winfried T.: Er ließ sich regelmäßig in dem
Wilmersdorfer Edelbordell »Goldener Spiegel« aushalten und half
dem Betreiber dafür bei einem geschickten Kreditbetrug in Millionenhöhe.[28] Zwar erhielt Winfried T. wegen seiner kriminellen Verwicklungen in die Rotlichtszene zwei Jahre Haft auf Bewährung,
doch hinderte ihn diese Vorstrafe nicht, 1994 zum Chefredakteur der
CDU-Wahlkampfzeitung »Berliner Rundschau« aufzusteigen.

Wie kaum ein zweiter hatte sich allerdings der ehemalige Blei-
streustraßen-König und spätere Sportstudiobesitzer Klaus S. auf der
gesellschaftlichen Leiter hochgearbeitet – doch der Draht zum Milieu riß nie ab. Vor allem auf Boxveranstaltungen in deutschen
Großstädten traf er seine Bekannten wie »Neger Kalle« aus St. Pauli
oder den windigen Manager Eby Thust aus Frankfurt, der als Erpresser von Steffi Grafs Vater bundesweit Schlagzeilen machte.

Neben Geburtstagsfeiern, Kneipeneröffnungen und Beerdigungen
sind vor allem Boxwettkämpfe in Metropolen wie Hamburg, Frankfurt, Berlin, Düsseldorf und München beliebte Treffpunkte für deutsche Rotlicht- und Halbweltgrößen. Unweit der Arenen verabredet
man sich »zum Erfahrungsaustausch und zur Absprache gemeinsa-
mer Strategien«, wie ein Staatsanwalt sagt.[29] Wird bei diesen Anläs-
sen auch mal jemand außerhalb des Rings k. o. geschlagen, treffen
sich die Bekannten hinterher zur Abwechslung als Angeklagte oder
Zeugen im Gerichtssaal wieder – wie beispielsweise »Neger Kalle«
und Klaus S. im Dezember 1992, als es vor einem Schöffengericht
um eine blutige Schlägerei im Zuschauerraum eines Berliner Box-
rings ging.

Auch wenn die Gelder nicht mehr direkt aus der Prostitution flie-
ßen, kann es keineswegs schaden, zu einigen Frauen weiterhin
Kontakt zu halten. Schon länger hatte sich beispielsweise Klaus S.
mit dem Polizisten Jürgen F. angefreundet, der eines Morgens mit

sorgenvollem Gesicht bei S. in dessen Sportstudio erschien. »Ich habe Probleme mit der Prostata, und der Arzt hat mir mehr sexuelle Betätigung empfohlen«, klagte der biedere Beamte seinem weltmännischen Freund, für den er eine kaum verhüllte Bewunderung empfand. Klaus S. wußte sogleich Rat und vermittelte dem Polizisten kostenlose Besuche bei einer Prostituierten, die in Boulevardzeitungen als »tabulose Blondine« inserierte. »Er tat mir leid; da habe ich ihm halt ein paar nette Mädels besorgt«, sagte S. später vor Gericht. Daß ihm sein »Hausbulle« – so der Szenejargon – anschließend geheime Daten aus dem zentralen Polizeicomputer zuspielte, sei keineswegs eine Gegenleistung für die Behebung des sexuellen Notstands gewesen. Die Informationen betrafen »Angehörige des schwerstkriminellen Milieus«, die zur Fahndung ausgeschrieben waren. Was Klaus S. mit den Namen und Zahlen aus der Verbrecherdatei bezweckte, konnte nie geklärt werden – doch Wissen ist schließlich auch im Milieu Macht.

»Partien« und »Patienten«

Während manchen ehemaligen Rotlichtgrößen der erfolgreiche Einstieg in die legale Wirtschaft gelingt, reichen bei anderen die Einkünfte kaum aus, ihren aufwendigen Lebensstil zu finanzieren. Auch für Klaus S. warfen weder seine Sportschule noch die Boxveranstaltungen einen nennenswerten Gewinn ab. Andere geschäftliche Aktivitäten – wie etwa die Versuche, Büchsenbier nach Rußland oder Gasmasken aus DDR-Beständen nach Israel zu exportieren – endeten eher als Lachnummern. Sein Kollege Otto Schwanz versuchte sich als Schnapsimporteur, doch von einer unversteuerten Ladung »Nordhäuser Doppelkorn« aus Prag gingen auf einem Berliner Rangierbahnhof so viele Flaschen zu Bruch, daß nach den Worten eines Richters schließlich »nicht nur das Geschäft, sondern auch der Schnaps selbst zum Himmel stanken«.

Ein Gewerbe allerdings beherrschen gelernte Zuhälter fast immer perfekt: das Verleihen großer Geldsummen zu Wucherzinsen. Die Kunden sind zumeist Geschäftsleute, die sich entweder beim illegalen Glücksspiel verschulden oder anderswo längst keinen Kredit mehr bekommen – wie etwa der bankrotte Möbelhändler Gerd G., ehemals Schatzmeister beim Fußballclub Hertha BSC, der von Klaus S. ein hohes Darlehen erhielt und dafür einen Wechsel über 100 000 Mark unterschrieb.

Können oder wollen die Schuldner nicht zurückzahlen, werden sie massiv bedroht und körperlich mißhandelt. Die Parallele ist offensichtlich: Während die »klassischen« Zuhälter ihre Mädchen zunächst in Schulden verstricken und anschließend mit diesem Druckmittel hohe Gewinne machen, wenden die »Fortgeschrittenen« exakt dieselbe Technik bei Geschäftsleuten an. Es ist durchaus üblich, bei Summen ab 100 000 Mark jeweils zwischen zehn und 20 Prozent als Zinsen zu nehmen – pro Monat selbstverständlich.

Viele Spielsüchtige gehören zum Kreis der »Patienten«, wie Schuldner im Milieu genannt werden. In illegalen Salons werden bei Bakkarat oder Seven-Eleven an einem Abend Beträge zwischen 20 000 und mehreren 100 000 Mark verzockt, nicht selten mit gezinkten Würfeln oder Karten. Bei Zahlungsunfähigkeit gibt man sich zunächst gnädig, verzichtet auf sofortiges Eintreiben der Außenstände und läßt die Verlierer dafür Wechsel oder Schuldanerkenntnisse unterschreiben, die sogar vor Gericht eingeklagt werden können. Voraussetzung ist allerdings, daß der Richter über den Hintergrund der Kreditvergabe im unklaren bleibt.

Es entstehen Abhängigkeiten, die sich später bei anderen Geschäften in vielfältiger Form nutzen lassen. Gerät die Rückzahlung ins Stocken, schlagen die Gläubiger auch schon mal zu oder belagern tagelang ein Büro: »Sie legten meine Geschäftsräume lahm, ein normaler Geschäftsablauf war nicht mehr möglich«, klagte etwa ein Wirtschaftsprüfer und Immobilienhändler aus dem schwäbischen Sindelfingen, der an seine Bekannten aus dem Milieu 750 000 Mark an Schulden und Zinsen zurückzahlen sollte. »Es war eine bedrohliche Situation.«

Zwar wandelt sich der Rahmen, doch das Grundmuster ist identisch: Sowohl die Mädchen als auch die Geschäftsleute sind zunächst vom Milieu fasziniert und werden anschließend geschickt in eine Schuldenfalle getrieben. Schnappt sie erst einmal zu, gibt es kaum noch ein Entrinnen – denn schließlich will kein Gläubiger seinen Einsatz verlorengeben und sich die Chance zum großen Absahnen entgehen lassen. Die Methoden gleichen sich: Während die 18jährige Prostituierte Anja mit einem Tritt in die Nieren dazu gebracht werden soll, 5000 Mark angeblicher Schulden für »Karate-Kalli« abzuarbeiten, bekommt der säumige Möbelhändler Gerd G. in seinem Büro ein paar Schläge ins Gesicht, damit er endlich seinen Kredit samt Wucherzinsen zurückzahlt – nur daß es hier um immerhin mehr als 100 000 Mark geht. Sowohl der Teenager Anja als auch der 50jährige Unternehmer Gerd G. waren zunächst dem Reiz des großen und schnellen Geldes erlegen – doch auf einmal wurde ihre Lage ausgesprochen ungemütlich.

Die Mittel, zum geschäftlichen Erfolg zu kommen, sind sowohl bei »Partien« als auch bei »Patienten« identisch: Drohungen, Schläge und das geschickte Ausnutzen einer psychologischen Abhängigkeit. Geschossen wird in diesen gehobeneren Kreisen eher selten, denn ein Tötungsdelikt sorgt für die wenig erwünschte Aufmerksamkeit von Polizei und Staatsanwälten.

Auch Kommunalpolitiker und Verwaltungsbeamte erliegen häufig den Versuchungen des Milieus: Immer wieder werden Fälle bekannt, in denen korrupte Staatsdiener für Geld und kostenlosen Sex vertrauliche Informationen an Rotlichtgrößen weiterleiten. Ist ein Behördenmitarbeiter oder Politiker erst einmal in Abhängigkeit geraten, nehmen die Gegenleistungen seiner Szenefreunde jedoch regelmäßig ab – denn er kann schließlich mit seinem bisherigen Verhalten hervorragend erpreßt werden. Auch Bankfachleute, Wirtschaftsberater und Immobilienhändler gehören zur bevorzugten Zielgruppe des Milieus.

Wie für viele Frauen der Strich trotz aller Ausbeutung eine magische Anziehungskraft ausübt, so ist es auch für gestandene Geschäftsleute nicht allein rational zu erklären, wenn sie sich von stadtbekannten Kiezgrößen zu kostenlosem Sex einladen lassen, sechsstellige Summen leihen oder bei Würfelspielen pro Einsatz 10 000 Mark auf den Tisch legen. Bisweilen allerdings kommt ein Gläubiger nicht mehr dazu, seine Schulden einzutreiben: »Chinesen Kalle« Jagdmann (45), ehemaliger Karatekämpfer, Leibwächter der

Republikaner und Knastkumpan von Klaus S. und Horst Mahler, wurde im September 1992 nach dem Mittagessen in einem Berliner Nobelrestaurant mit mehreren Schüssen regelrecht hingerichtet. Auch er hatte vielen Bekannten zu Wucherzinsen hohe Beträge geliehen und das Geld bei Zahlungsverzug mit massivem Druck zurückgefordert – der Mord nach dem Menü setzte seinem Leben ein Ende.

Aufschwung Ost

In den neuen Bundesländern haben die Geschäftssitten des Milieus längst Einzug gehalten: Auch in Cottbus, wo im Mai 1993 der Wirtschafter eines Bordells erschossen wurde, reichten die Verbindungen der örtlichen Bordellszene bis ins Rathaus: Anfang August 1994 wurde der Jugendamtsleiter Lutz B. (32) wegen seiner Verbindungen zum Rotlichtmilieu fristlos entlassen. Er hatte bei der Polizei zugegeben, dem Chef des Cottbusser Bordells »Haus 68« regelmäßig vertrauliche Informationen aus der Stadtverwaltung zugespielt zu haben. Als Gegenleistung konnte der studierte Theologe und ehemalige Jugenddiakon die Dienste der Prostituierten ohne Bezahlung in Anspruch nehmen und erhielt außerdem noch mehrere tausend Mark an Entlohnung. Nach Erkenntnissen der Cottbusser Staatsanwaltschaft sammelte der Jugendamtsleiter »wie ein Eichhörnchen« Informationen über die politische Stimmung im Rathaus und gab sie umgehend an den Bordellbetreiber Klaus M. weiter. Ob für die brandenburgische Provinzstadt eine Sperrgebietsverordnung geplant war oder das Ausländerrecht schärfer gehandhabt werden sollte – der aus Frankfurt am Main stammende Chef vom »Haus 68« war durch seinen Informanten stets bestens im Bilde.[30]

Ende August 1994 beschloß das Cottbusser Kommunalparlament sogar die Einrichtung eines Untersuchungsausschusses, der die Verwicklungen städtischer Beamter in das florierende Rotlichtmilieu der Stadt aufklären sollte – denn neben dem Jugendamtsleiter Lutz B. gerieten auch andere Verwaltungsmitarbeiter in den Verdacht, die örtliche Rotlichtszene gegen Gratissex mit internen Informationen versorgt zu haben.

Der direkte Draht ins Rathaus schützte den Frankfurter Bordellchef allerdings nicht vor dem Neid der Konkurrenz. Denn bevor er
in Cottbus das »Haus 68« eröffnete, hatten sich in der Provinzstadt
im Süden Brandenburgs schon Kölner Zuhälter breitgemacht und
betrieben dort den florierenden Sex-Club »Tiffany«. Sie hinterzo-
gen dabei in großem Stil Steuern und fühlten sich als die Oberluden
in der Lausitz. Doch als der Kollege aus dem Frankfurter Bahnhofsviertel in Cottbus das »Haus 68« mit 22 Frauen eröffnete, wo bald
auch Jugendamtsleiter Lutz B. regelmäßig ein und aus ging, sahen
die Kölner Luden ihre Geschäfte in Gefahr. Denn es gelang dem
Neuankömmling aus Frankfurt schnell, nicht nur zum Chef des Ju-
genddezernats, sondern auch zum Cottbusser Ordnungsamt gute
Beziehungen aufzubauen: Für sein »Haus 68« erhielt er schließlich
sogar eine offizielle Betriebserlaubnis als »Zimmervermietung« –
die erste Genehmigung dieser Art für ein Bordell in den neuen Bundesländern.

Die »Tiffany«-Konkurrenz aus Köln jedoch, die schließlich schon
vorher in Cottbus war und nun mit der Stadtverwaltung zunehmend
Probleme bekam, wollte dem Kollegen aus Frankfurt nicht kampflos
das Feld überlassen. Am 31. Mai 1993 entschloß man sich zum Handeln: Um ihren Machtanspruch deutlich zu machen, zogen drei
Männer vom »Tiffany« zum »Haus 68« und schlugen dort einen
Angestellten krankenhausreif.

Anschließend wollten sie sich den Wirtschafter Dieter Schwind
vorknöpfen, einen ehemaligen Junioren-Weltmeister im Ringen, der
seinem Chef aus Frankfurt nach Brandenburg gefolgt war. Als das
Trio von der Konkurrenz in seinem Zimmer auftauchte, konnte er
zunächst fliehen und sich hinter einer Tür verschanzen – doch ein
Kölner zückte seine Pistole, durchsiebte das Hindernis und Schwind
gleich mit; der 29jährige brach tödlich getroffen zusammen.

Auch im Sex-Geschäft ist der Aufschwung Ost bereits voll im
Gange. Weil vielerorts die Claims noch nicht abgesteckt und die
Behörden unerfahren oder – wie in Cottbus – sogar korrupt sind,
herrschen zwischen Erzgebirge und Ostsee immer wieder die Ge-
setze des »Wilden Ostens«: Im Oktober 1993 wurden in Rostock-
Lichtenhagen zwei Hamburger Zuhälter erschossen – nach Überzeu-

gung der Kripo ein klassischer Auftragsmord. Vor dem Leipziger Landgericht mußten sich seit Sommer 1994 in einem spektakulären Rotlichtprozeß drei mutmaßliche Bosse vom Straßenstrich an der Roscherstraße wegen versuchten Totschlags und anderer schwerer Delikte verantworten.[31]

Rostock, Cottbus, Erfurt, Potsdam – die Liste ostdeutscher Städte, in denen es zu gewalttätigen Auseinandersetzungen im Milieu kam, ließe sich fast beliebig fortsetzen.[32] In Deutschland noch immer unvergleichlich ist jedoch jener Zuhälterkrieg, der Mitte der 80er Jahre in Hamburg tobte.

»Komm, weg damit!«

Als der Killer vor ihm auftauchte, war es zu spät: Von drei Schüssen tödlich getroffen, sank Bordellwirt Friedrich Schroer (35) – wegen seiner schrägstehenden Augen von allen nur »Chinesen-Fritz« genannt – in Hamburgs legendärem Ludentreff »Ritze« vom Barhokker. Sein Mörder entkam durch die Hintertür. »Lackschuh-Dieter« Traub (37) erwischte es in einem Wald bei München, den schon etwas betagteren Sex-Clubbesitzer Jehoda Arzi (65) in der eigenen Wohnung. Auch »Bayern-Peter« Pfeilmaier (32) und der Bordellboß Waldemar Dammer (30) mußten sterben. Daß Dammers Wirtschafter Ralf Kühne ebenfalls mit einem Kopfschuß hingerichtet wurde, war allerdings eher Zufall – der 27jährige kam halt gerade zum falschen Zeitpunkt in die Wohnung seines Chefs und durfte als Zeuge nicht überleben.

Niemals zuvor und nirgendwo sonst in der Bundesrepublik kämpften Zuhälter und Bordellbetreiber so skrupellos um Macht und Einfluß wie während dieser 80er Jahre in Hamburg. Streitigkeiten wurden ganz systematisch durch professionelle Killer geklärt. Zwischen 20 000 und 30 000 Mark mußten für einen Mord bezahlt werden – genausoviel wie für ein hübsches Mädchen. Die meisten Aufträge erledigte Werner »Mucki« Pinzner, der am 29. Juli 1986 im Hamburger Polizeipräsidium ein letztes beispielloses Blutbad anrichtete: Mit einem eingeschmuggelten Smith-&-Wesson-Revolver er-

schoß er zunächst den Staatsanwalt Wolfgang Bistry, dann seine eigene Ehefrau Jutta und schließlich sich selbst. Alte Bekannte aus der
Kneipen- und Bordellszene von St. Pauli hatten die Waffe organisiert
und mit Hilfe seiner Rechtsanwältin ins Gefängnis geschmuggelt.
Monatelang hatte die Juristin ihren Mandanten im Gefängnis auch
mit Drogen versorgt.

Seine spätere Killerkarriere in St. Pauli begann Pinzner in den
70er Jahren als Kellner auf dem Kiez. Im August 1975 dann das erste
Verbrechen: Beim Überfall auf einen Supermarkt wird der Geschäftsführer getötet. Pinzner erhält zehn Jahre Haft; ob er selbst
oder einer seiner Komplizen geschossen hat, wird nicht geklärt.
»Man hat mich wie einen Mörder behandelt, jetzt werde ich einer«,
soll er nach dem Urteil gesagt haben.[33]

Im Gefängnis handelt er mit Kokain und wird zu weiteren drei
Jahren verurteilt. Als er schließlich freikommt, trifft er über einen
Knastkumpan den aus Österreich stammenden Bordellbetreiber
»Wiener-Peter« Nusser. Auch er hat in St. Pauli zunächst als Kell-
ner angefangen und sich mittlerweile zum einflußreichen Pächter im
Großbordell »Palais d'Amour« an der Reeperbahn hochgearbeitet.
Von jetzt an pflastern Leichen ihren gemeinsamen Weg: Lästige
Konkurrenten oder unzuverlässige Komplizen Nussers werden von
Pinzner professionell aus dem Weg geräumt.

Als etwa »Lackschuh-Dieter« wegen seiner Kokainsucht die gemeinsamen Geschäfte schleifen läßt, gibt »Wiener Peter« seinem Killer Pinzner den Auftrag: »Komm, weg damit!« In München, wo er
eine Prostituierte besucht, wird Dieter Traub von Pinzner und einem
Komplizen in einen Hinterhalt gelockt und kaltblütig hingerichtet.
Ein anderer Bordellchef muß im September 1984 in seinem Auto sterben, weil Peter Nusser dessen Anteile am florierenden Fernfahrerbor-
dell »Hammer Deich 150« übernehmen will. Auch Waldemar Dammer, der zusammen mit seinem Mitarbeiter am Ostermontag 1985
erschossen wird, kontrollierte in Hamburg und Nürnberg mehrere
Bordelle. Doch ist der Auftrag erledigt, zeigt »Wiener-Peter« Sinn für
Stil: Bei Beerdigungen der Mordopfer mischt er sich mit Sonnenbrille
und im teuren Pelzmantel unter die Trauergemeinde und streut mit
unbewegter Miene ein wenig Erde auf den Sarg.[34]

Die Costa-Rica-Connection

Nusser sowie zwei seiner Komplizen werden zwar Anfang 1989 zu lebenslanger Haft verurteilt, doch die Hintergründe von Pinzners spektakulärer Tat – des zuvor geplanten und sogar angekündigten »Exitus triumphalis« im Polizeipräsidium – bleiben ungeklärt. Die Staatsanwaltschaft entwickelt eine Theorie, die sich jedoch vor Gericht nicht beweisen läßt: Um ihre Macht zu demonstrieren, habe die St.-Pauli-Mafia Pinzner einen letzten Auftrag erteilt – die Ermordung von Oberstaatsanwalt Wolfgang Bistry, der die Ermittlungen im Hamburger Rotlichtmilieu leitete. Doch im Prozeß gegen den Gastwirt Reinhard »Ringo« K., seinen vermeintlichen Komplizen »Neger-Kalle« S. und eine weitere St.-Pauli-Größe muß das Gericht die Angeklagten wegen mangelnder Beweise noch vor Verkündung des Urteils aus der Untersuchungshaft entlassen. Für die Anstiftung zu dem Bistry-Mord kann auch nach 67 Verhandlungstagen keiner der Männer bestraft werden. Dabei hat man zuvor weder Kosten noch Mühen gescheut, um das Blutbad im Polizeipräsidium aufzuklären: Als er am Abend des 11. Dezember 1986 verhaftet werden soll und Dutzende zunächst als Musiker getarnte Polizeibeamte sein Eiscafé »Chikago« umstellen, entkommt »Ringo« K. in einer filmreifen Flucht über die Dächer von St. Pauli. In letzter Minute setzt er sich nach Costa Rica ab, schon »seit Jahren Treffpunkt für alle St.-Pauli-Bosse, denen der Boden im kalten Hamburg zu heiß geworden ist«[35]. In der Hauptstadt San José findet »Ringo« rasch eine Bleibe – die Wohnung seines alten Kiezkumpanen »Hanne« K., zu Hause Wirt des Lokals »Ritze«, wo das erste Opfer der Mordserie tot vom Barhocker kippte.

Nicht weit entfernt residiert in San José neben etlichen anderen guten Bekannten auch Günter S., Chef der »Sudfaß«-Bordelle in Hamburg und Lübeck. Der St.-Pauli-Clan hat in dem mittelamerikanischen Land ein regelrechtes Imperium aus Nachtclubs und Spielsalons, Geschäften und Kneipen, Ferienanlagen und Bananenplantagen aufgebaut. Nicht fehlen darf natürlich auch eine Bordellkette, die im Bundeskriminalamt unter dem Stichwort »Schweinefarm« geführt wird.

Neben Costa Rica gehört auch Ibiza zu den bevorzugten Reisezielen deutscher Rotlichtgrößen: Aus ganz Deutschland fliegen jeden Sommer zahlreiche Zuhälter mit ihren »Partien« auf die beliebte Ferieninsel und schicken die Mädchen dort zum Anschaffen in Nachtclubs und Diskotheken. Nach Informationen des Bundeskriminalamtes hat sich auf Ibiza auch ein bekannter Hamburger Kiezkönig als Immobilienmakler niedergelassen und vermietet Ferienhäuser an seine Bekannten aus dem Milieu.[36]

Gerade die Costa-Rica-Connection der deutschen Rotlichtgrößen zeigt jedoch, daß die Szene über ausgezeichnete Kontakte nach Mittel- und Südamerika verfügt. Das Land liegt günstig zu den großen Drogenzentren des Kontinents. Die Fahnder vermuten, daß zahlreiche Lokale in Hamburg und anderswo über Costa Rica mit Kokain versorgt werden. Während Heroin in professionell geführten Bordellen meist tabu ist, wird Kokain – nicht zuletzt wegen seiner sexuell stimulierenden Wirkung – »vor allem in der Luxusprostitution von vielen Freiern ausdrücklich verlangt«, wie der frühere Staatsanwalt Frank Buckow weiß. »In den vergangenen Jahren hat die Zahl der Kunden, die beim Sex Kokain nehmen, deutlich zugenommen«, bestätigt auch die ehemalige Prostituierte Renate, die zuletzt als Domina in der Hamburger Herbertstraße arbeitete. »Auch viele Frauen nehmen diese Droge während der Arbeit.«

Polizeiexperten vermuten bis heute, daß der Hamburger Oberstaatsanwalt Bistry auch deshalb sterben mußte, weil er bei seinen Ermittlungen gegen »Mucki« Pinzner und die Kiezmafia auf Verbindungen stieß, die bis zu Carlos Lehder führen, dem einst »mächtigsten Kokaindealer der Welt«.[37] Jahrelang ließ der gefürchtete Drogenboß – 330 Polizisten und 70 Richter sollen durch sein Syndikat ermordet worden sein – das Kokain von Kolumbien auf seine eigene, zu den Bahamas gehörende Privatinsel »Norman's Cay« transportieren und von dort mit Flugzeugen ins nahe Florida bringen. Die Gewinnspanne: rund 40 000 Dollar pro Kilo.

Das Sicherheitskonzept für den riesigen Drogenumschlagplatz »Norman's Cay« wurde von einem bekannten Hamburger Unternehmer ausgearbeitet, dem ebenfalls enge Verbindungen zum Rotlichtmilieu nachgesagt werden. Unbestritten ist, daß er mit Lehder

eine Firma gründete, über die – zumindest offiziell – deutsche Luxuslimousinen nach Südamerika exportiert werden sollten. Mit
einer umfangreichen Gegendarstellung verwahrte sich der honorige
Hanseat allerdings im »Spiegel« gegen alle Verdächtigungen und beteuerte, die St.-Pauli-Größen »nur aus der Zeitung« zu kennen.[38]
Auch von Carlos Lehders Kokaingeschäften habe er selbstverständlich nicht das geringste geahnt.

»Ringo« K. führte nach seiner spektakulären Flucht ins Karibikparadies Costa Rica zunächst monatelang ein ungestörtes Leben unter südlicher Sonne. Dank zuverlässiger Verbindungsmänner bei der
deutschen Polizei waren die gut betuchten Bordelliers auch in der
Ferne stets umfassend über den aktuellen Stand der Ermittlungen
informiert. Von den Behörden des mittelamerikanischen Landes war
für die deutschen Fahnder zunächst »keinerlei Unterstützung« zu
erwarten, wie ein hoher BKA-Beamter klagte. »Solange ich hier bin
und Geld habe, kann mir nichts passieren«, soll etwa »Sudfaß«-Chef
Günter S. in seiner luxuriösen Villa am Stadtrand von San José geprahlt haben.

Erst als Costa Ricas Präsident Oscar Arias Sánchez im Frühjahr
1987 zum Staatsbesuch nach Bonn kommt, wendet sich für »Ringo«
K. und Konsorten kurzzeitig das Blatt: Verbunden mit einer kleinen Wirtschaftshilfe von 22 Millionen Mark bittet die Bundesregierung den späteren Friedensnobelpreisträger höchstpersönlich um
Beistand, und einige Tage später nimmt Costa Ricas Polizei die
Rotlichtgröße aus dem fernen Deutschland tatsächlich in Auslieferungshaft.

Doch ein dauerhafter Erfolg war auch den Bemühungen auf höchster staatlicher Ebene nicht beschieden: Als »Ringo« K. schließlich
unter größten Sicherheitsvorkehrungen nach Deutschland zurückgebracht wird, gehen der Justiz die Beweise aus. Auf Antrag der Verteidigung müssen »Ringo« & Co. bereits während des Prozesses aus
dem Gefängnis entlassen werden. Als freier Mann und im dunkelblauen Anzug aus feinstem Tuch vernimmt der einst meistgesuchte
Mann St. Paulis schließlich vor dem Hamburger Schwurgericht gelassen sein Urteil: wegen einiger Kleinigkeiten drei Jahre Gefängnis,
die durch Untersuchungs- und Auslieferungshaft ohnehin zum

Großteil abgegolten sind. Außerdem erhält er eine Geldstrafe von 5000 Mark, die er »wahrscheinlich gleich aus der Hosentasche bezahlt«, wie ein Zuhörer vom Kiez nach der Urteilsverkündung treffend bemerkt.[39]

VI. Standort Deutschland

Straßenstrich, Eros-Center, Sex-Club und Kleinbordell sind die Formen der Prostitution, die in Deutschland am weitesten verbreitet sind. Die regionalen Unterschiede allerdings sind gewaltig: In München finden sich völlig andere Strukturen als etwa in Berlin, in Frankfurt am Main andere als in Hamburg oder Dortmund. Es gibt viele Gründe dafür: neben geographischen, historischen und wirtschaftlichen natürlich auch politische. Deutschland ist ein föderaler Staat, in dem einzelne Länder und Gemeinden oft großen politischen Spielraum haben – so auch beim käuflichen Sex. Während etwa in München die meisten Formen der Prostitution streng kontrolliert und reglementiert werden, verfolgen die Verwaltungen Berlins oder Hamburgs schon aus Tradition eine eher weiche Linie. Andere Städte wiederum – wie etwa Frankfurt am Main – schwanken immer wieder zwischen Toleranz und Härte.

»Schlupfwinkel gewerbsmäßiger Unzucht«

Auch die Bundesländer haben die Rechte der Polizei im Zusammenhang mit der Prostitution unterschiedlich geregelt. Es versteht sich von selbst, daß die Beamten überall dort eingreifen dürfen, wo sie Gefahr für die öffentliche Sicherheit und Ordnung vermuten. Einige Länder haben für das Geschäft mit käuflichem Sex jedoch noch besondere Vorschriften erlassen: So kann die Polizei in Baden-Württemberg, Bayern, Berlin, Mecklenburg-Vorpommern, Niedersachsen, Rheinland-Pfalz, Sachsen und Thüringen an allen Orten, »wo Personen der Prostitution nachgehen«, grundsätzlich jeden nach seinem Ausweis fragen und durchsuchen – ob Freier, Hure, Zuhälter oder einfach nur Passant, spielt keine Rolle. Falls die Identität nicht anders überprüft werden kann, dürfen die Beamten den Betroffenen auch vorläufig festnehmen.

In Bayern, Berlin, Mecklenburg-Vorpommern, Niedersachsen und Thüringen hat die Polizei außerdem das Recht, zu jeder Tages- und Nachtzeit Wohnungen und Räume zu betreten, in denen Prostituierte arbeiten. Diese Regelung gilt auch in Nordrhein-Westfalen und Schleswig-Holstein – hier mit der skurrilen Formulierung, daß Wohnungen jederzeit aufgesucht werden dürfen, wenn sie »als Schlupfwinkel gewerbsmäßiger Unzucht bekannt sind«. Die beiden Bundesländer haben allerdings darauf verzichtet, der Polizei beim Festhalten oder Durchsuchen von Personen besondere Rechte einzuräumen. Keine besonderen Regelungen für käuflichen Sex kennen hingegen die Polizeigesetze von Brandenburg, Bremen, Hamburg, Hessen, Saarland und Sachsen-Anhalt.

Die Städte und Gemeinden in Deutschland verfügen vor allem über zwei Instrumente, mit denen sie das Geschäft mit dem käuflichen Sex kontrollieren und beeinflussen können: medizinische Pflichtuntersuchungen und Sperrgebietsverordnungen.

Alle Gemeinden mit bis zu 50 000 Einwohnern haben das Recht, »zum Schutze der Jugend und des öffentlichen Anstandes« Prostitution ganz zu verbieten. Größere Städte dürfen unabhängig von ihrer Einwohnerzahl »öffentliche Straßen, Wege, Plätze, Anlagen und sonstige Orte, die von dort eingesehen werden können«, zum Sperrgebiet erklären. Das Verbot kann – wie etwa im Hamburger Stadtteil St. Pauli – auch auf bestimmte Tageszeiten beschränkt werden. Mit Ausnahme von Berlin gibt es in allen westdeutschen und mittlerweile auch den meisten ostdeutschen Großstädten solche Sperrgebietsverordnungen. Wenn eine Prostituierte dort nur einmal beim Anschaffen erwischt wird, gilt dies – ähnlich wie falsches Parken – noch als Ordnungswidrigkeit. Bei »beharrlichem« Verstoß allerdings – also mindestens zweimal – drohen ihr bis zu sechs Monate Gefängnis. Gerade bei diesem Gesetz hängt die Umsetzung sehr stark vom politischen Willen der jeweiligen Stadtverwaltung ab.

Dies gilt auch für die Vorschriften zur medizinischen Untersu-

Sonderrechte der Polizei im Bereich Prostitution		
	bei Personen	in Wohnungen
Baden-Württemberg	ja	nein
Bayern	ja	ja
Berlin	ja	ja
Brandenburg	nein	nein
Bremen	nein	nein
Hamburg	nein	nein
Hessen	nein	nein
Mecklenburg-Vorpommern	ja	ja
Niedersachsen	ja	ja
Nordrhein-Westfalen	ja	nein
Rheinland-Pfalz	ja	nein
Schleswig-Holstein	nein	ja
Saarland	ja	nein
Sachsen	ja	nein
Sachsen-Anhalt	nein	nein
Thüringen	ja	ja

Quelle: Polizeigesetze der Länder

chungspflicht. Obwohl sie dort nirgendwo ausdrücklich genannt werden und nur von Personen mit »häufig wechselndem Geschlechtsverkehr« (HWG) die Rede ist, betrifft das »Gesetz zur Bekämpfung von Geschlechtskrankheiten« fast ausschließlich Prostituierte. Wegen ihrer Tätigkeit gelten sie nach den Worten dieses Gesetzes als »dringend verdächtig, geschlechtskrank zu sein und Geschlechtskrankheiten weiterzuverbreiten«. Sie sind deshalb verpflichtet, dem Gesundheitsamt regelmäßig ein ärztliches Zeugnis vorzulegen, den sogenannten Bockschein. Weigert sich eine Prostituierte, gibt es durch dieses Gesetz die Möglichkeit, die Frau mit Hilfe der Polizei zur Untersuchung und Behandlung zu zwingen oder sie sogar in ein Krankenhaus einzuweisen. Als Geschlechtskrankheiten gelten neben Syphilis und Tripper auch der Weiche Schanker und die Venerische Lymphknotenentzündung. Während gerade die beiden letztgenannten Infektionen in Deutschland kaum noch vorkommen,[1] sind die wesentlich häufigeren Pilz-, Herpes- und Hepatitisfälle nicht erwähnt. Und es fehlt die gefährlichste aller sexuell übertragbaren Krankheiten – Aids.

Obwohl im Gesetz nicht vorgesehen, müssen Prostituierte jedoch vor allem in süddeutschen Städten regelmäßig einen HIV-Test machen. Bei der Untersuchungspflicht für Prostituierte geht es jedoch nicht in erster Linie um medizinische Fragen – dieses Gesetz ist vor allem ein Instrument, um die Prostitutionsszene einer Stadt überwachen und beeinflussen zu können. An der Umsetzung gerade dieser Paragraphen zeigt sich, wie einzelne Gemeinden mit käuflichem Sex politisch umgehen. Während viele Gesundheitsämter verlangen, daß sich Prostituierte regelmäßig untersuchen lassen, verzichten etwa Hamburg, Frankfurt oder Berlin auf Zwang und bieten statt dessen sowohl weiblichen als auch männlichen Prostituierten auf freiwilliger Basis eine Beratung und Betreuung durch Ärzte an.

Im Auftrag der Bundesregierung haben die beiden Wissenschaftlerinnen Beate Leopold und Elfriede Steffan zum erstenmal systematisch die Situation von Prostituierten in Deutschland untersucht. Ein Vergleich ausgewählter Städte zeigt, daß man beim käuflichen Sex sogar von einer besonderen Art der kulturellen Vielfalt sprechen kann – wobei allerdings unübersehbar ist, daß dieses Gewerbe stets ein »knallhartes Geschäft« bleibt.[2]

Untersuchungspflicht für Prostituierte		
Stadt	Infektion	Zeitabstände
Berlin	keine Untersuchungspflicht	
Dortmund	Tripper	2 Wochen
	Syphilis	3 Monate
Dresden	Tripper	1 Woche
	Syphilis	1 Monat
Frankfurt/M.	keine Untersuchungspflicht	
Hamburg	keine Untersuchungspflicht	
Leipzig	Tripper	2 Wochen
	Syphilis	2 Monate
München	Tripper	2 Wochen
	Syphilis	2 Monate
	HIV	2 Monate
Rostock	keine Untersuchungspflicht	
Stuttgart	Tripper	2 Wochen
	Syphilis	2 Monate

Quelle: SPI

Hamburg: die Hauptstadt

Hamburg mit seinen 1,6 Millionen Einwohnern ist nach wie vor die Hauptstadt der Prostitution in Deutschland. Zwar holt Berlin seit der Vereinigung immer weiter auf, doch hält die Stadt mit dem größten Hafen der Bundesrepublik beim käuflichen Sex noch immer die Spitzenstellung: Nirgendwo gibt es mehr Prostituierte, nirgendwo wird mit Sex mehr Geld verdient, und nirgendwo wurden auch die Kriege der Zuhälter so gnadenlos und blutig geführt wie in Hamburg.

Wegen der günstigen geographischen Lage ist die Wirtschaftskrise der frühen 90er Jahre in der zweitgrößten Stadt Deutschlands noch vergleichsweise glimpflich verlaufen – was natürlich auch auf die Prostitution Auswirkungen hatte. Das traditionelle Rotlichtviertel St. Pauli mit der Reeperbahn – die angeblich »sündigste Meile Deutschlands« – erlebte eine erstaunliche Veränderung: Neben den Bordellen, Peep-Shows und Sex-Clubs etablierte sich eine lebendige Kunst- und Kneipenszene, die dem Stadtteil ein kaum erwartetes, von Udo Lindenberg sogar besungenes kulturelles Comeback bescherte.

In St. Pauli liegt auch die in Deutschland einzigartige Herbertstraße: Ähnlich wie in den Rotlichtvierteln holländischer Städte sitzen die Huren hier in Schaufenstern, an denen die Männer vorbeipromenieren und sich eine Prostituierte aussuchen können. Für Frauen, die nicht in der Herbertstraße arbeiten, ist der Zugang verboten.

Die Angaben zur Zahl der Prostituierten schwanken auch in Hamburg beträchtlich: Sie liegen zwischen 4000 bekannten und 10000 vermuteten Huren. Bei der Polizei sind rund 4000 Frauen registriert, die mit Sex Geld verdienen. Die Gesamtzahl der Prostituierten wird allerdings auch von dem Milieudezernat auf mindestens 6000 geschätzt. Die Grünen und die »Kaffeeklappe«, eine Beratungsstelle des Diakonischen Werks in St. Pauli, halten hingegen eine Größenordnung von fast 10000 für wahrscheinlich, Gelegenheitsprostituierte eingeschlossen.

Der Anteil von Ausländerinnen liegt nach Angaben der Polizei bei rund einem Viertel, wobei die meisten in Wohnungsbordellen arbeiten und Thailänderinnen die größte Gruppe stellen. Auf dem Straßenstrich in St. Pauli liegt der Anteil der Ausländerinnen mit zehn Prozent deutlich niedriger. Der Polizei sind in Hamburg 115 sogenannte »Steigen« oder Stundenhotels, 74 Sex-Clubs – davon sieben Luxusetablissements – und rund 560 Wohnungsbordelle bekannt. Darüber hinaus weiß das Milieudezernat von 14 Kleinbordellen, die fast ausschließlich von türkischen Freiern besucht und auch von Türken betrieben werden. Von den 4000 bekannten Prostituierten arbeiten

- ca. 1500 (37,5 %) in Wohnungen,
- ca. 1400 (35 %) in Bordellen, Bars und Sex-Clubs,
- ca. 1100 (27,5 %) auf dem Straßenstrich.

Der Anteil von Frauen auf dem Straßenstrich liegt dabei deutlich über dem Bundesdurchschnitt. Die meisten Bars und Bordelle gibt es in den traditionellen Rotlichtvierteln St. Pauli und St. Georg, die ironischerweise beide nach Heiligen der katholischen Kirche benannt sind. Die Sex-Lokale fallen in den Bereich »nichtöffentliche Prostitution«, für den es in der Hamburger Sperrgebietsverordnung keine Reglementierungen gibt. Offiziell darf in St. Georg niemand auf der Straße anschaffen, doch wird dieses Verbot kaum beachtet und von der Polizei nur zurückhaltend durchgesetzt. Gerade in dem bahnhofsnahen Stadtviertel schaffen viele drogensüchtige und minderjährige Prostituierte an. Das jüngste Mädchen auf dem Strich rund um den Hauptbahnhof war nach Angaben der »Zentralen Beratungsstelle für sexuell übertragbare Krankheiten« neun Jahre alt!

In St. Pauli ist der Straßenstrich in der Gegend um die Reeperbahn nur zwischen 20 und sechs Uhr und am Fischmarkt zwichen 20 und vier Uhr morgens erlaubt; ausgenommen ist von diesen Bestimmungen allerdings die Herbertstraße, wo rund um die Uhr angeschafft werden darf. Ein weiterer Straßenstrich hat sich außerhalb der Stadt auf der Süderstraße in einem reinen Industriegebiet etabliert. Die Freier sind häufig Lkw-Fahrer, die mit ihren Wagen dort stehen oder zu ihrem Zielort fahren. Daneben gibt es in Hamburg noch die Schiffsprostitution: Da die Liegezeiten der Container-Frachter im Hafen meist kurz bemessen sind, gehen die Frauen zum Anschaffen direkt auf die Schiffe.

Die meisten Prostituierten, die auf dem klassischen Straßenstrich in St. Pauli arbeiten, besuchen mit ihren Freiern ein Stundenhotel oder eine »Steige«. Oft wird ein einzelnes Zimmer für jeweils 100 Mark an mehrere Huren vermietet, die sich bei der Benutzung abwechseln. Die Betreiber der Stundenhotels machen immense Umsätze: Bei einer »Steige« mit 15 Zimmern, die von jeweils zwei Prostituierten in Anspruch genommen werden, kommen monatliche Mieteinnahmen von 90 000 Mark zusammen. Der gesamte jährliche Umsatz aus Pacht und Miete von »bordellartigen Betrieben« in

Hamburg wird auf etwa eine halbe Milliarde Mark geschätzt. Mit Getränken im Umfeld der Prostitution werden in der Hansestadt vermutlich weitere 350 bis 400 Millionen Mark im Jahr umgesetzt.[3]
Der Straßenstrich in St. Pauli ist fest in der Hand von Zuhältern. Die Luden weisen die Stellplätze zu, schreiben die Kleidung vor und kassieren bei den Mädchen kräftig ab – meist natürlich, um angebliche Schulden einzutreiben. Die Polizei vermutet, daß rund 80 Prozent aller Hamburger Prostituierten einen Zuhälter haben. Vielen der Frauen bleibt am Tag höchstens ein »Taschengeld« von 10 oder 20 Mark. Das Milieudezernat weiß von 1600 Luden in Hamburg, schätzt ihre Zahl allerdings auf mindestens 3000. Die meisten sind Deutsche; neben den Hamburgern haben auch eine Kölner und eine Hildesheimer Zuhältergruppe großen Einfluß im Milieu. Darüber hinaus gibt es in Hamburg zwischen 150 und 200 Türken, die im Sex-Geschäft kräftig mitmischen.

Wie überall in Deutschland gingen in den Jahren 1985 bis 87 wegen der allgemeinen Aidsangst die Umsätze auch im Hamburger Sex-Geschäft teilweise drastisch zurück. Die Flaute führte dazu, daß die Luden verstärkt ins Drogen- und auch Waffengeschäft einstiegen – Einkommensquellen, die auch nach dem Wiederaufschwung der Prostitution nicht versiegten.

Seit der Wiedervereinigung hat die Zuhälterszene im großen Stil Richtung Osten expandiert: In Rostock etwa werden nach Angaben der Polizei fast alle Bordelle und der Wohnwagenstrich von Hamburger Luden kontrolliert. Im sächsischen Leipzig haben die Kiezkartelle von St. Pauli ganze Wohnhäuser aufgekauft, um sie in Eros-Center zu verwandeln. Besonders beliebt scheinen gerade in der Hamburger Zuhälterszene Kampfhunde zu sein. Nach mehreren blutigen Zwischenfällen auch im Rotlichtmilieu erließ der Senat 1991 eine Verordnung, wonach jeder Besitzer eines Mastino-, Mastiff- oder Pit-Bull-Hundes sein Tier beim Bezirksamt anmelden muß. Der Erfolg dieser Regelung fiel eher bescheiden aus.

Kleinbordelle und »Modellwohnungen« sind über das gesamte Hamburger Stadtgebiet verteilt. Wie bei dieser Form der Prostitution üblich, müssen die Frauen dort meist pro Freier ein festgelegtes »Stichgeld« an die Betreiber abgeben. Es gibt jedoch in Hamburg auch zahlreiche Wohnungen, die – ähnlich wie ein Zimmer im Eros-Center oder Stundenhotel – für jeweils 100 bis 150 Mark pro Tag von einer oder mehreren Prostituierten genutzt werden. Die Monatsmieten für eine »Modellwohnung« liegen zwischen 3000 und 5000 Mark.

Oft werden die Apartments von einem Hausbesitzer direkt einer Prostituierten zur Verfügung gestellt. Die Polizei kennt Eigentümer, die über die Stadt verteilt bis zu 20 Wohnungen auf diese Weise vermieten – ein lukratives Geschäft, denn selbst auf dem überlasteten Hamburger Wohnungsmarkt ist es auf normalem Wege bislang noch nicht möglich, für eine Ein- oder Eineinhalbzimmerwohnung eine Monatsmiete von 3000 bis 5000 Mark zu kassieren.

Politisch verfolgt Hamburg eher eine weiche Linie: Das Milieudezernat der Polizei bemüht sich nach den Worten eines Mitarbeiters um ein »distanziertes Vertrauensverhältnis« zu den Prostituierten und konzentriert sich auf den Kampf gegen die »mit hoher krimineller Energie behaftete und immense Profite abwerfende Ausbeutung« der Frauen. Auch in Hamburg kann Prostituierten, die als Belastungszeuginnen gegen Zuhälter aussagen, mit Hilfe der Polizei eine Wohnung und eventuell eine Arbeitsstelle vermittelt werden. Bedingung ist allerdings, daß die Frau nicht mehr anschafft und ihre Kontakte zum Milieu abbricht.

Die Untersuchungspflicht für Prostituierte wurde in Hamburg 1987 abgeschafft. Die Zentrale Beratungsstelle für sexuell übertragbare Krankheiten setzt seitdem darauf, die Frauen zur freiwilligen Mitarbeit zu bringen und sie dabei nicht nur medizinisch, sondern auch psychisch und sozial zu betreuen. Neben einer Gynäkologin als Leiterin arbeiten dort ein Chirurg, eine medizinisch-technische Assistentin, eine Krankenschwester und mehrere Sozialarbeiterinnen.

Die Dienststelle macht den Eindruck einer großzügigen, modernen Arztpraxis. Neben deutschen Prostituierten nehmen auch viele Thailänderinnen und Osteuropäerinnen das Angebot wahr. Häufig machen es die Betreiber von Clubs oder Bordellen den Frauen zur Auflage, bis zu zweimal wöchentlich zum Arzt der Untersuchungsstelle zu gehen und sich von ihm eine entsprechende Bescheinigung ausstellen zu lassen.

Berlin: der Osten kommt

In der 3,3-Millionen-Stadt gibt es aus Tradition weder eine Sperr-stunde noch eine Sperrgebietsverordnung. Weil die ganze Stadt als Toleranzzone gilt, konnte sich in Berlin kein klassisches Rotlicht-viertel etablieren; auch gab es nie ein »Dirnenwohnheim«.

Seit der Wiedervereinigung verändert sich die Prostitutionsszene schneller als anderswo in Deutschland: Vor allem erwachte das histo-rische Amüsierviertel rund um die Oranienburger Straße im ehemals Ostberliner Stadtbezirk Mitte seit 1990 wieder zu neuem Leben. Ähnlich wie auf der Hamburger Reeperbahn hat sich dort neben dem Straßenstrich eine florierende Kultur- und Kneipenszene entwickelt. Die unselige, das Straßenbild verschandelnde und Kleinkriminalität anziehende Mischung von grellen Peep-Shows, Sex-Shops und Spiel-salons – typisch für die Reeperbahn oder das Frankfurter Bahnhofs-viertel – hat sich rund um die Oranienburger Straße bislang nicht ausbreiten können. Ob sich in diesem innerstädtischen Viertel Kultur und Kommerz weiterhin die Waage halten werden, ist freilich noch nicht entschieden.

In der DDR und in Ostberlin war Prostitution offiziell verboten, doch gab es natürlich auch in den zuletzt drei Interhotels zwischen Branden-burger Tor und Alexanderplatz die sogenannte »Valuta-Prostitution« gegen Devisen. Die Frauen arbeiteten fast immer auch für die Stasi.

Die Angaben zur Zahl der Prostituierten in Berlin schwanken zwi-schen 5000 und 7000. In einer politisch heftig umstrittenen Kartei hatte die Polizei im Januar 1993 genau 4476 Frauen gespeichert, die in der Stadt mit Sex Geld verdienen. Andreas Pahl, Chef des Refe-rats für Organisierte Kriminalität, schätzt ihre Gesamtzahl aller-dings mittlerweile auf rund 7000. Der Anteil der Ausländerinnen liegt in Berlin wesentlich höher als in Hamburg. Die Polizei vermu-tet, daß mindestens ein Drittel, wahrscheinlich jedoch sogar über die Hälfte der Prostituierten in Berlin nicht aus Deutschland stammt.

Die Dunkelziffer ist gewaltig, denn im Jahr 1992 wurden bei-spielsweise nur knapp 600 Ausländerinnen als illegal arbeitende Pro-stituierte in Berlin entdeckt – nach Überzeugung von Milieukennern ein winziger Bruchteil der tatsächlichen Anzahl.

Von der Polizei entdeckte Ausländerinnen, die in Berlin illegal als Prostituierte arbeiteten (1992)	
Herkunftsland	Anzahl
Thailand	188
Polen	115
Bulgarien	100
Türkei	97
ehem. ČSFR	32
ehem. Jugoslawien	24
GUS	21
Rumänien	12

Quelle: Polizei Berlin

Obwohl in Berlin auch zahlreiche Frauen aus Mittel- und Osteuropa mit Sex Geld verdienen und seit 1992 vor allem die Zahl der Prostituierten aus Rußland und der Ukraine stark zugenommen hat, stellen Thailänderinnen mit rund 2000 Prostituierten noch immer mit Abstand die größte Gruppe. Dies hat auch historische Gründe: Bis zur Wiedervereinigung konnten sie nahezu unkontrolliert über den DDR-Flughafen Schönefeld nach Westberlin einreisen. Zwar entfällt diese Möglichkeit mittlerweile, doch hat auch die zusätzlich eingeführte Visumspflicht für Thailänder offenbar nichts daran geändert, daß Berliner Bordelle in Bangkok noch immer als begehrte Adressen gehandelt werden. Prostituierte aus Afrika und Südamerika sind in Berlin hingegen kaum anzutreffen.

Polizeiexperte Pahl schätzt, daß die meisten Prostituierten in Berlin pro Arbeitstag zwischen 300 und 500 Mark umsetzen. Die Zahl der »bordellartigen Betriebe« ist nach seinen Angaben seit der Wiedervereinigung um ein Drittel von 400 auf 600 gestiegen. Kleinbordelle in Wohnungen sind die mit Abstand verbreitetste Form der

Prostitution in Berlin; sie finden sich über das ganze Stadtgebiet verteilt. Bei den Nationalitäten gibt es häufig eine strikte Trennung: In den meisten Apartments arbeiten entweder nur deutsche Frauen oder nur Thailänderinnen und Osteuropäerinnen; eine Mischung ist die Ausnahme. Bei den Preisen macht sich diese Differenzierung jedoch erstaunlicherweise kaum bemerkbar: 70 Mark gelten als Grundtarif, egal ob die Frauen Deutsche oder Ausländerinnen sind. Auch der Stadtteil spielt kaum eine Rolle. Davon ausgenommen sind natürlich die teuren Sex-Clubs, die sich im vornehmen Bezirk Wilmersdorf konzentrieren. Vor allem südlich des Kurfürstendamms bis zum Grunewald gibt es mehrere Lokale dieser Art.

Eher an eine Provinzstadt im Sauerland erinnert die Lietzenburger Straße mit ihren Sex-Clubs und Striptease-Bars. Als »mittelmäßige Amüsiermeile, bunt, laut, aber ohne Charme« hat die »taz« das nahe dem Ku'damm gelegene Viertel vor einigen Jahren treffend charakterisiert.[4]

Der bekannteste Straßenstrich Berlins findet sich seit der Vereinigung in der wiederbelebten Oranienburger Straße. Er ist fest in Zuhälterhand, ebenso wie der Straßenstrich am Ostkreuz und am Weißenseer Weg. Dort stehen fast ausschließlich deutsche Frauen. Des weiteren gibt es noch einen Straßenstrich in der Nähe des Flughafens Schönefeld und an der Straße des 17. Juni. Auch auf dem Kurfürstendamm warten in den Abendstunden regelmäßig Frauen auf Freier. Vor allem drogensüchtige Mädchen stehen in der Gegend zwischen Kurfürsten- und Lützowstraße. Nach Angaben der Beratungsstelle für Geschlechtskrankheiten im Stadtteil Schöneberg gibt es in Berlin zwischen 150 und 200 Heroinabhängige, die sich regelmäßig prostituieren. Immer wieder stehen rund um die Kurfürstenstraße auch Mädchen aus dem ehemaligen Ostblock, die fast immer von Zuhältern kontrolliert werden. So verurteilte das Landgericht Berlin im Mai 1993 zwei Ungarn zu Bewährungsstrafen, weil sie eine 16jährige aus ihrer Heimat zunächst nach Berlin gelockt und zum Anschaffen in die Lützowstraße gebracht hatten. Pro Abend verdiente die 16jährige dort im Schnitt 1500 Mark, von denen die beiden »Beschützer« jeweils die Hälfte für sich behielten.

Wie Hamburg verfolgt auch Berlin eine eher »weiche Linie« im

Umgang mit der Prostitution. Es gibt keine medizinische Untersuchungspflicht, und die mittlerweile sechs Beratungsstellen für Geschlechtskrankheiten konzentrieren sich wie in der Hansestadt darauf, weibliche wie auch männliche Prostituierte auf freiwilliger Basis zu beraten und zu betreuen. Die Angebote können auch anonym oder unter Angabe eines »Künstlernamens« genutzt werden. Die Beratungsstelle Schöneberg, die noch für drei weitere Stadtbezirke zuständig ist, wird regelmäßig von 500 bis 600 Frauen aufgesucht, von denen 90 Prozent als Prostituierte arbeiten. Über die Hälfte sind Ausländerinnen; die meisten von ihnen stammen aus Thailand, andere aus Polen, Tschechien, Bulgarien und Rußland.

1980 wurde in Berlin die erste unabhängige Prostituiertenorganisation Deutschlands gegründet, die sich nach wechselvollen Anfängen zu dem Projekt Hydra entwickelte. Seit 1984 wird die Gruppe vom Berliner Senat mit Sach- und Personalmitteln gefördert. Hydra bietet sowohl Ausstiegs- als auch Einstiegsberatungen an und ist in Deutschland – neben der Frankfurter Organisation »Huren wehren sich gemeinsam« (»HWG«) – das mit Abstand bekannteste Projekt dieser Art. Zu den wichtigsten Forderungen gehört die Anerkennung der Prostitution als Beruf.

München: und draußen vor der großen Stadt...

Die dritte deutsche Millionenstadt ist das Paradebeispiel für eine »harte« Linie. Prostitution wird in München wesentlich strenger kontrolliert und reglementiert als in jeder anderen deutschen Großstadt. Diese Politik bleibt nicht ohne Wirkung: Sowohl die Zahl der Prostituierten als auch die der »bordellartigen Betriebe« liegt in München wesentlich niedriger als in Hamburg, Berlin oder Frankfurt am Main, das gerade halb so viele Einwohner wie die Stadt an der Isar hat.

Vom Gesundheitsamt wird die Zahl der Münchner Prostituierten auf rund 800 geschätzt; die Polizei vermutet, daß darüber hinaus noch weitere 400 Frauen gelegentlich mit Sex Geld verdienen. Von den 800 beim Gesundheitsamt registrierten Huren arbeiten nach eigenen Angaben

- 236 (36,6 %) auf dem Straßenstrich in Toleranzzonen,
- 182 (28,2 %) in Sex-Clubs und Saunas,
- 140 (21,8 %) in »Dirnenwohnheimen«,
- 52 (8,1 %) in Apartments,
- 40 (6,1 %) auf dem Straßenstrich im Sperrgebiet.

Die restlichen 150 Frauen machten keine Angaben über ihren Arbeitsplatz. Die Polizei weiß nach eigenen Angaben in der gesamten Stadt von

- 35 Clubs und Bordellen,
- 15 Apartments und
- einem Domina-Studio.

Der Anteil von Ausländerinnen wird sowohl von der Polizei als auch vom Gesundheitsamt als sehr gering eingeschätzt. Entdeckt die Polizei eine Ausländerin, die illegal als Prostituierte in München arbeitet, wird sie normalerweise sofort in ihr Heimatland abgeschoben. Auch gibt es nach Angaben der Behörden in der 1,2-Millionen-Stadt kaum drogensüchtige Mädchen, die auf den Strich gehen.

Eine Zeitlang standen an der Ingolstädter Straße im Norden der Stadt zahlreiche Wohnwagen, in denen Prostituierte arbeiteten. Die Ansammlung der zu Kleinbordellen umfunktionierten Campinggefährte sorgte für heftige politische Diskussionen und wurde schließlich verboten. Seitdem mußten die Frauen mit ihren Freiern entweder zu einem extra eingerichteten »Stichplatz« im Wald oder in eine Wohnung fahren. Die Mieten für diese Apartments in der Nähe der Ingolstädter Straße liegen bei bis zu 7000 Mark.[5] Nach den Beobachtungen von Hydra handelt es sich dabei oft um Wohnungen, die aussehen »wie ein Hühnerstall«.[6]

Nach Schätzungen der Polizei gibt es auch in München bei rund 90 Prozent der Prostituierten einen Lebenspartner oder »Freund« im Hintergrund, der von ihren Einnahmen profitiert – wobei Art und Umfang natürlich individuell verschieden sind.

Während sich das Milieu in Hamburg oder Berlin längst von der Aidskrise Mitte der 80er Jahre erholt hat, herrscht in der Isarmetropole offenbar noch immer eine Flaute im Sex-Geschäft: Weil sie Angst vor einer HIV-Infektion haben und oft weniger Geld als früher verdienen, verzichten viele Männer auf die Dienste einer Prostituierten – dies jedenfalls vermutet die Polizei. Auch in den Boulevardblättern »tz« und »Abendzeitung« finden sich täglich höchstens zwei Dutzend Prostitutionsanzeigen, von denen ein Teil sogar noch für Adressen außerhalb Münchens wirbt. Im Vergleich mit den entsprechenden Rubriken in Zeitungen aus Hamburg, Berlin oder dem Rheinland erscheint die Zahl der Annoncen als geradezu kümmerlich.

Doch es gibt keinen ersichtlichen Grund, warum gerade in München die Aidsangst größer sein sollte als anderswo. Die Stadt scheint vielmehr der Beweis dafür zu sein, daß sich bei der Prostitution die Nachfrage durchaus über das Angebot drosseln läßt. Konsequent wie kaum anderswo wird hier die ohnehin sehr strenge Sperrgebietsverordnung durchgesetzt. Die wenigen Toleranzzonen – wie etwa an der Ingolstädter Straße oder den Rastplätzen der Freisinger Landstraße – liegen weit von der Innenstadt entfernt. Wird eine Frau außerhalb dieser Gebiete beim Anschaffen entdeckt, muß sie grundsätzlich schon beim ersten Mal eine Ordnungsstrafe von 500 Mark zahlen. Fällt sie zum zweitenmal auf, sind bereits 1000 Mark fällig. Werden die Ordnungsgelder nicht bezahlt oder wird sie erneut außerhalb einer Toleranzzone erwischt, droht der Frau eine Gefängnisstrafe. Verhältnisse wie etwa in Hamburg-St. Georg, wo Verstöße gegen die Sperrgebietsverordnung meist sehr nachsichtig behandelt werden, sind in München undenkbar. Es gibt in der bayerischen Hauptstadt tatsächlich viele Frauen, die allein deshalb ins Gefängnis mußten, weil sie mehrmals im Sperrgebiet als Prostituierte angetroffen wurden. In den meisten anderen deutschen Großstädten wäre eine solche rigide und repressive Politik kaum durchsetzbar. Eine auch an der Statistik ablesbare Wirkung ist ihr allerdings nicht abzusprechen: Sowohl absolut als auch pro Einwohner liegt die Zahl der Huren in München weit unter der aller anderen (west-)deutschen Großstädte. Natürlich werden Prostituierte in Bayern nicht weniger ausgebeutet als anderswo – doch es gibt schlichtweg viel weniger Frauen, die mit dem Milieu Berührung haben.

Von Münchner Freiheit kann freilich auch bei der Umsetzung des Geschlechtskrankengesetzes kaum die Rede sein: Wenn eine Frau anfängt, in der Stadt als Prostituierte zu arbeiten, ist es nur eine

Frage der Zeit, bis sie bei Streifengängen von der Polizei entdeckt und zu einem »Informationsgespräch« auf eine Dienststelle geladen wird. Anschließend werden ihre Daten registriert und der Geschlechtskranken-Beratungsstelle gemeldet. Von dort erhält die Frau wenig später einen Brief, in dem sie aufgefordert wird, regelmäßig zu den Pflichtuntersuchungen zu erscheinen. Denn anders als etwa Hamburg oder Berlin verzichtet München nicht auf regelmäßige medizinische Untersuchungen und verlangt von den Prostituierten sogar alle zwei Monate einen Aidstest. Stellen sie eine HIV-Infektion fest, müssen die Mitarbeiter der Beratungsstelle – zumindest offiziell – die Frau sofort der Kriminalpolizei melden.

Das Beispiel der bayerischen Hauptstadt zeigt, daß sich die Prostitution durchaus mit den Mitteln der Politik und der Polizei massiv beeinflussen läßt. Es spricht wenig dafür, daß es ausgerechnet in München weniger potentielle Freier als anderswo gibt. Doch durch die »harte Linie« wird das Angebot so knapp gehalten, daß wohl viele Männer freiwillig darauf verzichten, sich auf den weiten Weg zum Straßenstrich am Stadtrand oder in einen sündhaft teuren Sex-Club zu machen. Denn logischerweise liegt auch das Preisniveau in München deutlich über dem deutschen Durchschnitt.

Die strenge Kontrolle und Reglementierung umfaßt allerdings nicht alle Bereiche der Prostitution: Von den Behörden nahezu unbehelligt, gedeihen in München die luxuriösen Callgirl- und Escort-Services, die von der Polizei sogar ganz offen als »Branche der Zukunft« bezeichnet werden. Angaben über die Größenordnung kann – oder will – die Kripo allerdings nicht machen. Auch behaupten die Beamten, in München nur ein einziges Domina-Studio zu kennen. Bereits ein Blick in den »Aktuellen Sexführer« (ASF) – sozusagen das Fachblatt der Branche – zeigt jedoch, daß es in der bayerischen Landeshauptstadt mindestens ein halbes Dutzend solcher S/M-Clubs gibt. Die tatsächliche Zahl dürfte noch weit höher liegen. Für diese teure Form des käuflichen Sex allerdings scheinen sich Politik und Polizei in München nicht weiter zu interessieren.

Frankfurt am Main: Bordelle, Bars und Banken

Porno-Kinos und Pommes-Buden, Sex-Shops und Spielhallen, Bars und Bordelle – die Straßen rund um den Frankfurter Hauptbahnhof gelten als Deutschlands Rotlichtviertel schlechthin. Auch bei der sonstigen Kriminalitätsstatistik hält die 630 000-Einwohner-Stadt den Spitzenplatz: In keiner deutschen Stadt werden pro Kopf so viele Verbrechen begangen wie in Frankfurt. Nach Marseille und London gilt die Stadt zudem als drittgrößter Drogenumschlagplatz in Europa.[7]

Doch zugleich ist die Mainmetropole Deutschlands wichtigstes Banken-, Börsen- und Finanzzentrum. Frankfurts Flughafen ist der zweitgrößte Europas und die Stadt zudem der gefragteste Ort für Messen und Kongresse in der Bundesrepublik: Im Jahr 1993 gab es in Frankfurt 43 000 Veranstaltungen dieser Art mit mindestens je 30 Teilnehmern.[8] Mit 54 Prozent ist außerdem der Anteil von Touristen und Geschäftsreisenden, die aus fremdsprachigen Ländern kommen, höher als in jeder anderen Großstadt Deutschlands.

Die Zahl der Prostituierten wird von der Polizei auf rund 2000 geschätzt, wobei es – wie in anderen Städten mit einem hohen Anteil von Ausländerinnen – auch in Frankfurt eine ständige Fluktuation gibt und ihre Zahl zu Messezeiten deutlich ansteigt. Die Polizei und die Gruppe »Huren wehren sich gemeinsam« (HWG) sind sicher, daß am Main mindestens jede zweite Prostituierte Ausländerin ist; manche Schätzungen gehen sogar bis zu 75 Prozent. In einigen Großbordellen am Bahnhof und in der Breiten Gasse liegt ihr Anteil sogar bei über 90 Prozent.

Von Spitzenzeiten abgesehen, verdienen in Frankfurt pro Tag im Durchschnitt zwischen 1000 und 1200 Frauen Geld mit Sex. Die meisten Ausländerinnen kommen aus Kolumbien, Thailand und Afrika. Zwar gibt es auch in Frankfurt immer mehr Prostituierte aus Osteuropa, doch liegt ihr Anteil noch deutlich niedriger als etwa in Berlin oder Hamburg. Während die Frauen aus Asien, Afrika und Lateinamerika zum Großteil in den Eros-Centern arbeiten und dort auch wohnen, schaffen die meisten Ost- und Westeuropäerinnen in den vornehmeren Sex-Clubs und Apartments an.

Weil seit 1990 sechs Großbordelle, die im erweiterten Sperrgebiet lagen, von den Behörden geschlossen wurden, ist die Gesamtzahl der Huren nach Angaben der Polizei in den vergangenen Jahren leicht zurückgegangen. Neben rund einem Dutzend Großbordellen im Bahnhofsviertel werden in Frankfurt auch mehrere »Dirnenwohnheime« in der Altstadt an der Breiten Gasse und der Oskar-von-Miller-Straße betrieben. Des weiteren weiß die Polizei von 15 Callgirl-Agenturen und rund 220 über die ganze Stadt verstreuten »Modellwohnungen«. Darüber hinaus gab es in Frankfurt mindestens vier Saunen und drei Sex-Clubs, die sich nach Angaben der Polizei allesamt durch ihre »gediegene Atmosphäre« und eine »üppig ausgestattete Umgebung« auszeichneten. Natürlich riefen genau diese Merkmale die Behörden auf den Plan: Drei dieser Luxuslokale wurden im Sommer 1992 vom Ordnungsamt geschlossen; die Betreiber mußten sich wegen »Förderung der Prostitution« vor Gericht verantworten.

Bis zum Herbst 1991 galt auch in Frankfurt die Untersuchungspflicht für Prostituierte, doch seitdem verfolgt die Beratungsstelle des Gesundheitsamts eine ähnliche Linie wie die in Hamburg und Berlin: Auf freiwilliger Basis und anonym können sich Prostituierte wie Stricher dort beraten oder ärztlich betreuen lassen. Rund drei Viertel der Frauen, die das Angebot wahrnehmen, sind Ausländerinnen.

Um die Sperrbezirke im Bahnhofsviertel gibt es in Frankfurt seit Jahren endlose, oft grotesk wirkende Diskussionen, an denen sich unter wechselnden Vorzeichen auch immer wieder die verschiedenen Landesregierungen beteiligen. Dabei geht es nicht nur um die Bekämpfung des Rotlichtmilieus und ein »bürgerfreundliches« Stadtbild, sondern auch um wirtschaftliche Macht: Die unmittelbare Nähe zu Deutschlands wichtigstem Bankenviertel läßt die Bordelle und Eros-Center rund um den Bahnhof zu begehrten Spekulationsobjekten werden. Zusammen mit ihren Grundstücken haben einige Immobilien im Karree Kaiser-, Weser-, Elbe- und Taunusstraße einen Wert von zehn bis zwölf Millionen Mark.

Gerade die CDU-geführten Magistrate der Oberbürgermeister Wallmann und Brück gerieten immer wieder in den Verdacht, bei ihrer Kampagne für ein »sauberes Bahnhofsviertel« unter dem Deckmäntelchen der Moral vor allem die Interessen der Großbanken und Industrieunternehmen zu vertreten. Auch waren Bordellbetreiber und Immobilienbesitzer durch geheime Unterlagen aus dem Rathaus häufig schon im voraus über die Pläne des Magistrats informiert und konnten ihre Geschäftspolitik darauf einrichten.

Mal wurden die Toleranzzonen verkleinert, mal verlagert, mal sollte die Prostitution rund um die Kaiserstraße und aus der Breiten Gasse ganz verschwinden, mal auf eines der beiden Gebiete beschränkt werden. Immer wieder wurden Entscheidungen getroffen und verkündet, nur um sie wenig später – teilweise unter Druck der Gerichte – wieder rückgängig zu machen. Als etwa der Darmstädter Regierungspräsident die Breite Gasse zum Sperrgebiet erklärte, hob der hessische Verwaltungsgerichtshof in Kassel diese Entscheidung wenig später wieder auf. Begründung der Juristen: Wenn die Prostituierten aus der Straße vertrieben würden, stünden ihnen im Frankfurter Stadtgebiet nicht mehr genug Flächen zur Verfügung; die Sperrgebietsverordnung mißachte daher das Kasernierungsverbot.[9] In Bayern etwa wäre eine solche Entscheidung von Verwaltungsrichtern kaum vorstellbar.

Doch hat das Rotlichtmilieu in Frankfurt eine ungleich längere Tradition als etwa in München. Bereits Anfang der 30er Jahre zeigte sich ein Berliner Kriminalkommissar über die Verhältnisse in der Mainmetropole ausgesprochen schockiert: »Als ich im Frühjahr 1930 zum letzten Mal nach Frankfurt am Main kam, war ich über das widerwärtige Treiben, das sich mir auf der vom Hauptbahnhof nach der Zeil herunterführenden Kaiserstraße bot, höchst unangenehm überrascht«, schrieb der Polizeibeamte in seinem Bericht. »Augenblicklich ist der Betrieb in dieser Kaiserstraße so schamlos, wie ich ihn in keiner deutschen Stadt anzutreffen jemals Gelegenheit hatte. Auf dem Wege vom Bahnhofsplatz bis zur Moselstraße – eine etwa 150 Meter lange Strecke – wird jeder vorbeigehende Mann mehrere Dutzend Male in aufdringlichster Weise angesprochen, und wenn man die Ecken dieser Moselstraße zu passieren gezwungen ist, so wird man von wahren Horden alter und junger Venusjüngerinnen angerempelt.«

Und schon damals schien der Kampf dagegen aussichtslos: »Läßt sich die Polizei hier blicken, so zieht sich dieses Weibervolk mit seinem gefährlichen männlichen Anhang blitzschnell in seine Schlupfwinkel zurück, die überall in der Moselstraße, Taunusstraße, Kronprinzenstraße und vor allem in der Kaiserstraße selbst zu finden sind.«[10]

Stuttgart: Spitzenpreise bei den Schwaben

Stuttgart gehört zu den reichsten Städten Deutschlands: Hier werden die höchsten Löhne und Gehälter gezahlt, und die Zahl der Arbeitslosen liegt noch immer weit unter dem Bundesdurchschnitt. So verwundert es kaum, daß hier im Vergleich zu anderen deutschen Großstädten auch die höchsten Preise für käuflichen Sex bezahlt werden. Keine Leistung wird in Stuttgart unter 100 Mark angeboten, Geschlechtsverkehr kostet mindestens 150 Mark.

Die Polizei schätzt, daß in der 560 000-Einwohner-Stadt knapp 1500 Prostituierte arbeiten, von denen rund 20 Prozent Ausländerinnen sind. Das Gesundheitsamt der Stadt vermutet ihren Anteil sogar bei nur knapp fünf Prozent.

Das bekannteste Bordell der Stadt ist das »Dreifarbenhaus« im Bebenhäuser Hof. Mit 80 bis 120 Mark am Tag sind die Mieten für die Frauen dort noch vergleichsweise moderat. Die meisten Stuttgarter Prostituierten arbeiten allerdings in Privatwohnungen, die zu Kleinbordellen umfunktioniert wurden. Die Polizei weiß von 150 Apartments dieser Art, die sich über das gesamte Stadtgebiet verteilen.

Bei einem Blick in die Prostitutionspostille »Aktueller-Sex-Führer« fällt eine überdurchschnittlich hohe Zahl von Domina-Studios auf. So wirbt etwa »Ravas Klinikum« als »exklusive Adresse in Stuttgart für perfekte Behandlungen in original ausgestatteten Klinikräumen«. Ein anderes Studio an der Bregenzer Straße fragt: »Gefällt es Ihnen: gefesselt, angebunden am Kreuz, Pranger, Stuhl, leicht oder gar fest über dem Knie geschlagen zu werden?« und bietet neben »Klistier, Korsett und Katheter« noch zahlreiche andere Varianten an. Offenbar scheint gerade in der wohlhabenden Schwabenmetropole der Bedarf für S/M-Sex besonders groß zu sein; die Kaufkraft für diese vergleichsweise teure Form der Prostitution ist in Stuttgart zweifellos vorhanden.

Nach Überzeugung der Polizei haben auch in Stuttgart über 90 Prozent der weiblichen Prostituierten einen Zuhälter. Auch die Mitarbeiter des Stuttgarter Gesundheitsamtes haben festgestellt, daß es für viele Frauen sehr wichtig ist, welche Rangstellung ihr Lude im Milieu hat: »Je mehr Statussymbole – wie etwa eine Rolex oder ein

Mercedes – ein Zuhälter hat, desto höher ist auch das Selbstwertgefühl der Frau«, hat eine Mitarbeiterin beobachtet.

Anders als etwa in München werden Verstöße gegen die Sperrgebietsverordnung zumindest in der Stuttgarter Innenstadt eher
milde verfolgt. Die Frauen werden zwar belehrt, müssen jedoch erst
dann eine Strafe zahlen, wenn sie mehrfach außerhalb der Toleranzzonen angetroffen werden.

Wegen der guten Verdienstmöglichkeiten kommen nach Angaben
des Prostituiertenprojekts »Lola« viele Frauen aus anderen deutschen Städten für einige Wochen nach Stuttgart und mieten sich in
einem Eros-Center wie dem »Dreifarbenhaus« ein. Nach überein-
stimmenden Berichten ist allerdings »selbst in Stuttgart ein Großteil
der Prostituierten mehr oder minder stark verschuldet«.[11] Die Gesetze des Milieus gelten schließlich auch in einer vergleichsweise reichen Region. Anders als in Berlin, Hamburg oder Frankfurt gilt in
Stuttgart noch die Untersuchungspflicht für Tripper und Syphilis;
auf einen zwangsweisen Aidstest wird allerdings verzichtet. Um allen Huren auf die Schliche zu kommen, hat sich das Regierungsprä-
sidium etwas Besonderes einfallen lassen: Alle drei Monate kontrolliert die Polizei systematisch alle bekannten Prostitutionsorte in
Stuttgart und läßt sämtliche noch nicht registrierten Frauen vom
Gesundheitsamt untersuchen. Nach Angaben der Mitarbeiter stößt
diese Zwangsvorführung bei den meisten Prostituierten auf wenig
Widerstand oder auch nur Widerwillen; im Vergleich zu den Repres-
sionen, denen die Frauen im Milieu ständig ausgesetzt seien, emp-
fänden sie diese Maßnahme als eher harmlos. Manche hätten gar das
Gefühl, »daß sich wenigstens jemand um sie kümmert, wenn es
auch auf diese Art ist«.

Dortmund: Kreisverkehr im Ruhrgebiet

Die 590 000-Einwohner-Stadt liegt im Osten des Ruhrgebiets und
ist ein wichtiges Handels- und Dienstleistungszentrum der Region.
In unmittelbarer Nähe liegen Essen (620 000 Einwohner), Bochum
(390 000) und Gelsenkirchen (290 000). Im Vergleich zu anderen

Städten ist in Dortmund die Fluktuation von deutschen Prostituierten auffallend hoch. Nach den Beobachtungen von Polizei und Gesundheitsamt gibt es viele Frauen, die jeweils für ein paar Wochen in einer Stadt des Ruhrgebiets arbeiten und anschließend in einen Nachbarort wechseln. Ihr Wohnsitz bleibt dabei jedoch meist derselbe.

Die Zahl der Frauen, die in Dortmund mit Sex Geld verdienen, wird von der Polizei auf 500 und von dem Prostituiertenprojekt »Café Kober« auf rund 800 geschätzt. Beim Gesundheitsamt sind 300 Huren registriert. Nach Angaben der Polizei liegt der Anteil von Ausländerinnen bei höchstens zehn Prozent – allerdings mit steigender Tendenz. Das »Café Kober« schätzt hingegen, daß rund 150 Ausländerinnen in Dortmund arbeiten. Weil das Projekt eine höhere Gesamtzahl vermutet, liegt auch bei dieser Schätzung der Ausländerinnenanteil noch immer unter 20 Prozent. Die Mitarbeiterinnen des »Café Kober« haben zwar immer wieder von Osteuropäerinnen gehört, die in Dortmund als Prostituierte arbeiten sollen, können zu dieser Gruppe jedoch keine Zahlen nennen.

Neben den »Profis« gibt es in Dortmund zusätzlich eine auffallend hohe Zahl von drogensüchtigen Mädchen und Frauen, die regelmäßig oder gelegentlich auf den Strich gehen. Die Schätzungen schwanken zwischen 200 und 550. Hält man sich an die untere Grenze, ergibt sich eine Gesamtzahl von rund 1000 Prostituierten in Dortmund. Viele Heroinabhängige warten mitten im Sperrgebiet der Innenstadt auf Freier. Das eigentliche Rotlichtviertel Dortmunds ist jedoch die Linienstraße gleich hinter dem Hauptbahnhof. Sie ist von der Sperrgebietsverordnung ausgenommen, die ansonsten fast für das gesamte Stadtgebiet gilt. In der Linienstraße gibt es 16 Eros-Center, in denen zwischen 120 und 180 Frauen arbeiten. Anders als etwa in Frankfurt bieten sich die Frauen nicht vor ihren Zimmern, sondern direkt auf der Straße den Freiern an. Die durchschnittliche Monatsmiete für ein Zimmer in der Linienstraße liegt inklusive Nebenkosten bei 5000 bis 6000 Mark. Wie anderswo auch, muß die Miete grundsätzlich bezahlt werden – ob die Frau krank ist oder Urlaub nehmen will, spielt keine Rolle.

Bei einem Durchschnittspreis von 5500 Mark für ein Zimmer und der Zahl von 130 Prostituierten ergeben sich für das Dortmunder Rotlichtviertel monatliche Mieteinnahmen von rund 715 000 Mark. Für das gesamte Jahr errechnet sich eine Summe von mehr als 8,5 Millionen Mark. Das Beispiel zeigt, daß selbst in Städten, die nicht zu den Zentren der Prostitution in Deutschland gehören, mit käuflichem Sex enorme Summen verdient werden können.

Neben der Linienstraße gibt es in Dortmund acht Sex-Clubs und etwa 60 Wohnungen, wo insgesamt rund 250 Frauen arbeiten. Manche dieser Kleinbordelle sind als angebliche Sonnen- und Fitneßstudios angemeldet. Die monatlichen Mieteinnahmen für die Wohnungen und Sex-Clubs liegen wahrscheinlich in der Größenordnung von 350 000 bis 400 000 Mark.

Anders als in Hamburg, Frankfurt oder Berlin berichten in Dortmund sowohl das Prostituiertenprojekt als auch die Polizei, daß die Geschäfte eher schlecht gehen: »Der Konkurrenzdruck ist ungeheuer groß«, sagt ein Beamter. Gerade in den »Dirnenwohnheimen« der Linienstraße gebe es viele Frauen, die bei den Betreibern der Bordelle hohe »Blockschulden« haben. Wegen der hohen Fixkosten läßt eine Krankheit oder ein Tag mit schwacher Nachfrage den Schuldenberg schnell weiter anwachsen.

Auch in Dortmund gibt es viele Frauen, die nur noch deshalb anschaffen, um irgendwann ihre Schulden abzuarbeiten – was ihnen jedoch meist nicht gelingt. Sind sie jung, werden sie von Zuhältern ausgebeutet, werden sie älter, verdienen sie nicht mehr genug. Viele Prostituierte sind im Lauf der Jahre so tief in die Schuldenfalle geraten, daß ihnen jeder Ausweg unmöglich erscheint.

Nach Einschätzung der Kripo geht auch in Dortmund der Trend eindeutig zum Kleinbordell: »Gegen ein Apartment«, so ein Mitarbeiter, »das außerhalb des Sperrgebiets liegt, jedoch keine Anwohnerproteste hervorruft, kann kaum etwas unternommen werden.«

Vor einigen Jahren gab es auch in Dortmund einen Zuhälterkrieg, der schließlich dazu führte, daß sich mehrere Türken im Milieu fest etablierten. Nach den Erkenntnissen der Polizei sind jedoch auch in Dortmund nach wie vor die weitaus meisten Luden Deutsche. Sowohl die Kripo als auch das »Café Kober« sind sicher, daß in der Ruhrgebietsstadt fast jede Hure einen Mann im Hintergrund hat, der von ihrem Geld profitiert. Auch das Dortmunder Projekt vertritt allerdings die von Hurengruppen aufgestellte These, wonach sich das Verhältnis zwischen einer Prostituierten und ihrem Zuhälter oder »Freund« nicht grundsätzlich von Beziehungen in der »bürgerlichen Welt« unterscheide, wo materielle Werte und Statussymbole ebenfalls eine wichtige Rolle spielten. Daß sich jedoch gerade im Rotlichtmilieu besondere Techniken der Ausbeutung herausgebildet haben und Gewalt zum alltäglichen Geschäft gehört, wird von vielen Hurengruppen nur ungern zugegeben.

Wie in den meisten deutschen Großstädten wird auch in Dortmund die Sperrgebietsverordnung von der Polizei eher zurückhaltend durchgesetzt. Erst wenn eine Frau mehrfach außerhalb der eng bemessenen Toleranzzone anschafft und dabei entdeckt wird, muß sie eine Geldbuße zahlen. Die Untersuchungspflicht für »HWG-Personen« wurde zwar noch nicht abgeschafft, doch verzichten Polizei und Gesundheitsamt – anders als etwa in Stuttgart oder gar München – seit einigen Jahren auf Zwangsvorführungen. Wie überall sonst achten allerdings auch in Dortmund viele Sex-Clubbetreiber darauf, daß die Frauen regelmäßig zum Arzt gehen. Die entsprechenden Bescheinigungen werden von den Chefs meist in regelmäßigen Abständen en bloc dem Gesundheitsamt vorgelegt. »Leider«, so eine Mitarbeiterin, »fehlt uns daher oft der persönliche Kontakt zu den Frauen«.

Leipzig: Kiezkartelle auf dem Vormarsch

Ähnlich wie in Ostberlin gab es auch in Leipzig zu DDR-Zeiten die »Valuta-Prostitution«. Vor allem während der Frühjahrs- und Herbstmesse boten sich in den Bars und Diskos der Interhotels junge Frauen zahlungskräftigen Besuchern an. Auch nach der Wiedervereinigung ist die 540 000-Einwohner-Stadt ein wichtiges Wirtschaftszentrum, wo – trotz mancher Pleite auch an der Pleisse – unablässig gebaut und renoviert wird. Wie überall in der ehemaligen DDR haben sich auch in Leipzig bei der Prostitution noch keine dauerhaften Strukturen herausgebildet. Die Zahlenangaben sind noch weniger verläßlich als die von den Großstädten der alten Bundesrepublik.

Alle Beobachter der Szene stellen jedoch fest, daß die Kiezkartelle aus dem Westen die Sex-Märkte im Osten fest im Blick und teilweise auch schon im Griff haben. Polizei und Gesundheitsamt schätzen, daß es in Leipzig zwischen 150 und 180 regelmäßige und weitere 250 bis 300 gelegentliche Prostituierte gibt – mit steigender Tendenz. Die meisten kommen aus Leipzig und Umgebung, einige jedoch auch aus den alten Bundesländern: »Es sind alle Dialekte vertreten«, sagt eine Mitarbeiterin des Gesundheitsamtes. Neben den Deutschen arbeiten vor allem auch Tschechinnen, Polinnen und Russinnen als Prostituierte in Leipzig. Niemand kennt ihre Zahl, doch der Anteil wird zwischen 10 und 25 Prozent geschätzt. Ähnlich wie in Berlin oder Hamburg bleiben sie oft nur für wenige Wochen und werden von keiner Behörde registriert.

Nach der Wende etablierte sich zunächst an der Nordstraße und dem Nordplatz ein Straßenstrich, der sich jedoch wegen Anwohnerprotesten und den Vorbereitungen für Messebauten in die bahnhofsnahe Roscherstraße verlagerte. Ähnlich wie früher an der Ingolstädter Straße in München arbeiten auch die Frauen an der Leipziger Roscherstraße in Wohnwagen. Während jedoch in Bayern die Huren wegen des harten politischen Umfelds in umgebaute Campingmobile ausweichen mußten, entwickelte sich diese Form der Prostitution in den neuen Bundesländern vor allem wegen mangelnder Räume und ungeklärter Eigentumsverhältnisse.

Anfang 1993 schätzte die Polizei, daß es in Leipzig rund 30 Wohnungen gibt, die als Kleinbordelle umfunktioniert wurden. Vor allem Bordellbesitzer aus Frankfurt am Main kauften in Leipzig mehrere Gründerzeithäuser auf, um sie in Eros-Center umzuwandeln. »Wir betreiben hier nichts weiter als Entwicklungshilfe«, sagt einer der bekanntesten Puffpächter aus Frankfurt.

Nicht ohne Grund befürchtet daher die Polizei, daß sich in Leipzig auf längere Sicht eine ähnliche Rotlichtszene wie im Frankfurter Bahnhofsviertel etabliert. Bereits kurz nach der Wiedervereinigung kam es im neu entstehenden Milieu zu den ersten Morden. Auch der Straßenstrich an der Roscherstraße wird von Zuhältern kontrolliert.

Die Luden halten sich schlagkräftige Mitarbeiter, von denen die Frauen sowohl überwacht als auch beschützt werden. Will eine Frau aussteigen, muß sie sich für einen Betrag ab 10 000 Mark freikaufen oder wird für die gleiche Summe an einen Kollegen weitergegeben. Nach Angaben der Polizei ist es jedoch kaum möglich, dieses Geschäftsgebaren zu bekämpfen, da die Frauen so gut wie nie eine Aussage machen – im Osten Deutschlands gelten schließlich die gleichen Milieugesetze wie im Westen.

Auch der erste große Rotlichtprozeß in Leipzig, bei dem sich drei mutmaßliche Bosse von der Roscherstraße seit Sommer 1994 wegen versuchten Totschlags, Zuhälterei und weiterer schwerer Vorwürfe vor dem Landgericht verantworten mußten, litt unter akuter Beweisnot. Die meisten Zeugen zogen es vor, entweder gar nicht erst vor Gericht zu erscheinen oder offensichtliche Falschaussagen zu machen.

Weil die Nachfrage das Angebot noch weit übertraf, konnte gerade in den ersten Jahren nach der Wiedervereinigung in Leipzig mit käuflichem Sex überdurchschnittlich viel Geld verdient werden. Die Preisskala begann auf der Roscherstraße bei 100 Mark für 15 Minuten, was um mehr als 60 Prozent über dem entsprechenden Tarif etwa in Berlin lag. Nach Angaben der Polizei gab es Anfang der 90er Jahre in Leipzig viele Prostituierte, die bis zu 15 000 Mark im Monat verdienten – wobei natürlich fast immer Zuhälter den Löwenanteil abkassierten.

Es gibt in Leipzig eine Untersuchungspflicht für Prostituierte, wobei die »Bockscheine« eher locker kontrolliert werden. Nur wenn eine Frau auffallend oft nicht beim Arzt erscheint, wird das Gesundheitsamt von sich aus aktiv. Im Sommer 1992 erließ der zuständige Regierungspräsident eine Sperrgebietsverordnung für die Stadt: Ein Straßenstrich ist nur in der Gegend um die Roscherstraße erlaubt, doch darüber hinaus gibt es einige andere Stadtteile, wo Prostituierte in Clubs und Wohnungen arbeiten dürfen.

Dresden: Rückzug ins Umland

Während in Leipzig Handel und Industrie traditionell große Bedeutung haben, steht die sächsische Landeshauptstadt Dresden mehr für Kunst und Kultur. Ein Rotlichtmilieu hat sich in der 515 000-Einwohner-Stadt nur sehr langsam entwickelt. Schlagzeilen in ganz Deutschland machte im Frühjahr 1991 eine blutige Auseinandersetzung zwischen Neonazis und Zuhältern, bei der schließlich der Rechtsradikale Rainer Sonntag von einem Sex-Clubbetreiber erschossen wurde. Mehrere Lokale wichen nach diesen Vorfällen ins ruhigere Umland oder nach Leipzig aus. Außerdem hat sich schon 1990 nicht weit von Dresden hinter dem deutsch-tschechischen Grenzübergang Zinnwald ein großer Straßenstrich etabliert und zieht viele Freier aus dem Süden Sachsens an. Doch trotz der Konkurrenz fast direkt vor der Tür etablierte sich auch in Dresden ein Straßenstrich an der Stauffenbergallee. Die Straße vor den ehemaligen Sowjetkasernen haben allem Anschein nach deutsche und russische Zuhälter unter sich aufgeteilt. Nach den Beobachtungen des WHO-Mitarbeiters Rudolf Netzelmann müssen die Frauen auf der Stauffenbergallee an die Zuhälter pro Nacht zwischen 150 und 200 Mark abliefern. Neben deutschen Frauen und einigen Russinnen stehen dort auch viele Tschechinnen, die oft nur für ein paar Tage in Deutschland bleiben.

Ähnlich wie nach Leipzig kamen auch nach Dresden Bordellbetreiber aus den alten Bundesländern, um dort Eros-Center zu eröffnen, vor allem aus Frankfurt, Mannheim und München. Als eine der ersten ostdeutschen Städte hat Dresden bereits im November 1991 eine Sperrgebietsverordnung erlassen. Auch nach Einschätzung der Polizei gab es dafür zunächst noch keine rechte Notwendigkeit: Die Schätzungen über die Zahl der Prostituierten blieben recht vage; das Dresdener Jugendamt vermutete, daß es in der Stadt rund 100 Prostituierte gibt.

Rostock: Klein-Hamburg an der Ostsee

Neben Ostberlin und Leipzig gab es auch in der Hafenstadt Rostock schon zu DDR-Zeiten eine verdeckte Prostitution: Neben den beiden Hotels »Neptun« und »Warnow« waren die »Storchenbar« und der »Club der Seeleute« vor allem für die Mannschaften ausländischer Schiffe bekannte Anlaufpunkte. Ähnlich wie in Leipzig und anderen ostdeutschen Städten entwickelte sich nach der sogenannten Wende auch in Rostock zunächst die Wohnwagenprostitution: Bereits 1990 standen am Mühlendamm die ersten mit roten Leuchtherzen geschmückten Gefährte.

Das Rostocker Rotlichtmilieu ist nach Angaben der Polizei zum größten Teil fest in Hamburger Hand. Meist über einheimische Strohmänner, die als Clubbetreiber oder Wirtschafter eingesetzt werden, kontrollieren die Luden von St. Pauli und St. Georg den Sex-Markt der ostdeutschen Hansestadt. Oft brachten sie sogar eigene Mädchen mit nach Rostock, die dort ihre unerfahrenen Ost-Kolleginnen anlernten.

Nach den Beobachtungen der Kripo arbeiten in Rostocker Bordellen und auf dem Straßenstrich auch viele Polinnen und Russinnen, von denen einige ständig zwischen Rostock, Hamburg und ihren Heimatländern hin und her pendeln. Um sich in Milieufragen sachkundig zu machen, ließen sich Rostocker Kommunalpolitiker von nordrhein-westfälischen Kollegen beraten und besuchten bei einer Rundreise auch mehrere Eros-Center. Winfried Finger, Betreiber eines »Dirnenwohnheims« in Bielefeld, riet den wißbegierigen Ostdeutschen, Konkurrenz gar nicht erst zuzulassen, »sonst gibbet Kriech«.[12] Den gab es dann allerdings trotzdem: In der Nacht zum 6. Oktober 1993 wurden auf dem wilden Wohnwagenstrich im Stadtteil Lichtenhagen zwei Zuhälter aus Hamburg regelrecht hingerichtet. Die Polizei geht von einem Auftragsmord aus – »Mucki« Pinzner & Co. lassen grüßen. Bei einer wilden Schießerei in dem Sex-Club »Bienenstock« wurden im November 1994 ebenfalls ein Zuhälter getötet und zwei weitere Männer schwer verletzt.[13] Ähnlich wie in Leipzig und Dresden sind auch in Rostock die Zahlenangaben über Prostituierte noch wenig verläßlich. Polizei und Gesund-

Prostituierte in deutschen Großstädten (Durchschnittszahlen)*		
	Anzahl der Prostituierten	Einwohner pro Prostituierter
Berlin	7000	480
Dortmund	1000	590
Dresden	100	5200
Frankfurt am Main	2000	310
Hamburg	8000	200
Leipzig	350	1550
München	1000	1220
Rostock	300	850
Stuttgart	1500	380
* Wegen der unterschiedlichen Angaben von Polizei, Gesundheitsämtern und Projekten kann es sich nur um ungefähre Zahlen handeln.		

heitsämter schätzen jedoch, daß in Rostock an 30 verschiedenen Orten mindestens 300 Frauen mit Sex Geld verdienen. Rostock wäre damit die erste Stadt in den neuen Ländern, die beim Verhältnis von Prostituierten zu Einwohnern die Eins-zu-tausend-Grenze überschritten hat. Vieles spricht dafür, daß sich die Hafenstadt an der Ostsee neben Leipzig zu einem zweiten Zentrum der Prostitution in den neuen Ländern entwickeln wird.

Zahlenspiele

In den meisten westdeutschen Großstädten liegt das Verhältnis von Prostituierten zu Einwohnern zwischen 1 zu 400 und 1 zu 600. In den Rotlichthochburgen Hamburg und Frankfurt ist die Relation allerdings noch kleiner. Auch für Stuttgart ergibt sich erstaunlicherweise ein Verhältnis unter dem Durchschnittswert; bei den reichen Schwaben scheinen für käuflichen Sex die Bedingungen günstig und der Bedarf groß zu sein. In München hingegen sorgt die harte politische Linie dafür, daß – rein rechnerisch – auf eine Prostituierte mehr als 1200 Einwohner kommen.

Im Osten stellt sich die Lage naturgemäß noch anders dar, doch zumindest in Rostock herrschen mittlerweile schon westdeutsche Verhältnisse. Hinzu kommt allerdings, daß sich in den neuen Bundesländern vor allem in der Provinz zahlreiche meist illegale Sex-Clubs etabliert haben, die in keiner Statistik auftauchen.

Immense Unterschiede zwischen Deutschlands Städten gibt es auch bei der Zahl und Herkunft von ausländischen Prostituierten. Während ihr Anteil in Berlin oder Frankfurt am Main zu manchen Zeiten weit über 50 Prozent liegt, stammen in Dortmund, München oder auch Hamburg wesentlich weniger Huren aus fremdsprachigen Ländern. Neben der geographischen Lage und den internationalen Verkehrsverbindungen einer Stadt hängt die Zahl der ausländischen Prostituierten auch von den Strukturen des jeweiligen Rotlichtmilieus ab. Während etwa Thailänderinnen in allen Städten mit vielen Ausländerinnen stark vertreten sind, gibt es beim Anteil der Südamerikanerinnen, Afrikanerinnen und auch Osteuropäerinnen große regionale Differenzen.

Anteil ausländischer Prostituierter	
Berlin	50 %
Dortmund	10 %
Dresden	10–25 %
Frankfurt am Main	50–75 %
Hamburg	25 %
Leipzig	10–25 %
München	unter 10 %
Rostock	10–25 %
Stuttgart	5–20 %

Quelle: SPI

VII. Sex-Geschäfte ohne Grenzen

Auch wenn die regionalen Unterschiede groß sind: Ausländerinnen sind aus dem Sex-Geschäft in Deutschland nicht mehr wegzudenken. Egal ob sie aus Bangkok, Bogota oder Budapest stammen – die Frauen gelten als gleichermaßen billig wie willig, und die Nachfrage nach ihnen ist groß. Gerade ausländische Prostituierte müssen oft mehr als 90 Prozent ihres Umsatzes an Schlepper und Zuhälter abgeben. Fast alle kommen jedoch aus Ländern mit so niedrigen Durchschnittseinkommen, daß für sie selbst ein Reinerlös von weniger als 1000 Mark im Monat noch lukrativ ist.

Bereits ab 1976/77 kamen die ersten Prostituierten aus Kolumbien und der Dominikanischen Republik zum Anschaffen nach Deutschland. Der wirkliche Aufschwung im transkontinentalen Sex-Geschäft setzte jedoch erst ein, als Anfang der 80er Jahre osteuropäische Airlines damit begannen, Langstreckenflüge vor allem nach Südostasien zu Discountpreisen anzubieten und ein Ticket von Bangkok nach Berlin-Schönefeld oder Frankfurt am Main schon für weniger als 1500 Mark zu haben war. Je stärker die Reisekosten sanken, desto profitabler wurde das transkontinentale Sex-Geschäft, vor allem für die Schlepper und Zuhälter. Zehntausende junger Thailänderinnen kamen nun plötzlich – meist für drei Monate – nach Deutschland, um hier mit ihrem Körper Geld zu verdienen. Sie machten den Anfang; Afrikanerinnen vor allem aus Ghana und Südamerikanerinnen folgten rasch.

Als 1989 der Eiserne Vorhang fiel, wurde auch die Wohlstandsgrenze inmitten Europas mit einem Schlag durchlässig. Aus nahezu allen ehemaligen Ostblockländern machen sich seitdem junge Frauen auf den Weg nach Deutschland, um hier eines zu verkaufen:

Sex. Polinnen und Tschechinnen machten den Anfang, doch mittlerweile stammen immer mehr Frauen in deutschen Bordellen aus Rußland und der wirtschaftlich noch schwerer angeschlagenen Ukraine. Den größten Anteil an ausländischen Prostituierten in der Bundesrepublik stellen allerdings noch immer Thailänderinnen.

Manche Mädchen – vor allem sehr junge und wenig erfahrene aus dem ehemaligen Ostblock – werden in ihrer Heimat von Schleppern mit falschen Versprechungen nach Deutschland gelockt und anschließend zum Anschaffen gezwungen. Die meisten jedoch wissen von Anfang an, was sie wollen: in möglichst kurzer Zeit möglichst viel D-Mark verdienen. Polizeiexperten und Milieukenner sind überzeugt, daß die weitaus meisten Ausländerinnen, die in Deutschland als Prostituierte arbeiten, »vor ihrer Ankunft eine recht genaue Vorstellung davon haben, welche Tätigkeit sie hier ausüben werden«, wie der Berliner Oberstaatsanwalt Bernhard Brocher sagt. »Das Problem liegt vielmehr darin, daß die Prostituierten hier fast immer hemmungslos ausgebeutet werden.« Schon bei der Anreise entstehen für eine Frau aus Asien, Südamerika oder Osteuropa mehrere tausend Mark Schulden. Die goldene Ludenregel – Frauen in finanzielle Abhängigkeiten zu verstricken – läßt sich auf eine Ausländerin noch viel leichter anwenden als auf eine deutsche Nutte, der zum gleichen Zweck erst einmal eine wallende Lockenpracht samt teurer Lederkluft verpaßt werden muß. Eine Frau aus Bangkok hat hingegen schon ganz automatisch zwischen 5000 und 10 000 Mark Schulden, bevor sie in Berlin, Bremen oder Bottrop den ersten Freier bedient.

Hinzu kommt, daß vor allem Prostituierte aus Asien, Afrika und Südamerika meist kaum ein Wort deutsch sprechen und von den Zuhältern dementsprechend leicht zu kontrollieren sind. Thailänderinnen sind oft nicht einmal in der Lage, lateinische Buchstaben zu lesen.

Eine »Nummer« für 8,60 Mark

Aranya Kittiporn war 15 Jahre alt, als sie von ihren Eltern aus einem Dorf im Nordosten Thailands nach Hat Yai im Süden geschickt wurde. Die einst verschlafene Stadt nahe der malaysischen Grenze ist seit Anfang der 80er Jahre eine der Boom-Towns des Königreichs. Neue Hochhäuser und Shopping-Center schießen überall wie Pilze aus dem Boden, und das Zentrum gleicht vor allem an Wochenenden einem quirligen Basar.

Wichtigster Grund für diese Entwicklung: Hat Yai ist ein beliebtes Ziel für Sex-Touristen vor allem aus Malaysia und Singapur. Für ein paar Tage kommen sie aus ihren vergleichsweise puritanischen Heimatländern über die Grenze und tummeln sich in den »Massagesalons« der Stadt. Auch in den Hotels ist käuflicher Sex eine weit verbreitete Dienstleistung.

Eltern aus dem armen Nordosten Thailands übergeben ihre Töchter häufig für Beträge zwischen 1000 und 2000 Mark an einen Schlepper, der die Mädchen anschließend nach Bangkok oder noch weiter nach Süden bringt und dort an Bordellbetreiber verkauft. Auch hier gilt das Gesetz der Branche: Bevor die meist minderjährigen Mädchen das erste Geld selbst verdienen können, müssen sie erst monate- oder jahrelang ihren Kaufpreis samt horrenden Zinsen abarbeiten.

Anders als viele ihrer Altersgenossinnen landete die 15jährige Aranya Kittiporn aus dem Norden Thailands zunächst nicht in einem Bordell, sondern in einem Kaufhaus. Zwei Jahre lang arbeitete sie als Verkäuferin in einem der vielen Shopping-Center Hat Yais. Von ihrem Monatslohn – umgerechnet rund 250 Mark – schickte sie jeweils knapp zwei Drittel an ihre Eltern; den Rest brauchte sie für Lebensmittel und die Miete in einer Art Wohnheim, wo sie sich mit zwei anderen Mädchen ein Zimmer teilte.

Gemeinsam mit einer Freundin, die sie in Hat Yai kennengelernt hatte und die ebenfalls aus Nordthailand stammte, gab Aranya nach zwei Jahren die Stelle in dem Kaufhaus auf und begann in einem Frisörsalon zu arbeiten. Ihr Einkommen stieg dort um mehr als das Doppelte – denn sie schnitt den Kunden nicht nur die Haare, sondern zog sich mit einigen auch in ein Hinterzimmer zurück, wo sie ihren Körper für Sex verkaufte. Frisörsalons sind in Thailand bekannt dafür, daß sich viele der Mitarbeiterinnen mehr oder weniger verdeckt prostituieren. Anders als in Bordellen sind die Mädchen allerdings meist nicht gezwungen, jeden Mann als Freier zu akzeptieren, sondern dürfen Kunden auch ablehnen.

»In Thailand sind Prostitution und kommerzieller Sex seit langem schon weit verbreitet, offen Teil des Alltags und sozusagen völlig normal und auch leicht und problemlos zugänglich, wie kaum in einem anderen Land«, schreibt die »Neue Zürcher Zeitung«.[1] Der Sex-Tourismus macht nach Meinung von Experten nur rund fünf Prozent der gesamten Prostitution in Thailand aus – wobei Touristen aus asiatischen Ländern und Arabien bereits mitgezählt sind. Ausnahmen bilden allerdings einzelne Orte wie die Patpong Road in Bangkok oder das vor allem bei Deutschen beliebte Urlaubsziel Pattaya.

Wie viele Prostituierte es in dem südostasiatischen Königreich gibt, weiß niemand; die Schätzungen reichen bis 2,8 Millionen. Als recht realistisch erscheint die von Wissenschaftlern angegebene Größenordnung von 500 000 bis 700 000. Viele von ihnen – sowohl Mädchen wie Jungen – sind jünger als 18 Jahre. Hinzu kommen Zehntausende von Thailänderinnen, die im Ausland anschaffen, wobei Japan das mit Abstand wichtigste Zielland ist.

Trotz ihrer hohen Zahl bekennen sich Thailänderinnen, die mit Sex Geld verdienen, nur selten offen zu ihrem Beruf. Auch als Aranya Kittiporn Anfang 1990 in einem Berliner Puff entdeckt und später mehrfach von einem Staatsanwalt verhört wurde, stritt sie energisch ab, als Prostituierte zu arbeiten und gab als Beruf stets nur »Frisöse« an. Denn irgendwann im Sommer 1989 hatte die mittlerweile 21jährige über eine Bekannte von der Möglichkeit gehört, im fernen Deutschland in kurzer Zeit viel Geld verdienen zu können. Sie setzte sich schließlich in den Zug nach Bangkok, wo sie sich bei einer »Agentur« im Stadtteil Thonburi näher informierte. Dort wurden ihr von einer Frau die Bedingungen mitgeteilt: Für umgerechnet rund 6000 Mark, die sie natürlich nicht sofort aufzubringen habe, könne sie nach Deutschland fliegen und dort für einige Monate »als Bedienung in einer Bar« arbeiten.

Die Verdienstmöglichkeiten wurden ihr in den rosigsten Farben dargestellt; die Schulden habe sie in Deutschland nach »spätestens drei Wochen« abgearbeitet. Aranya stimmte dem Angebot zu – und wußte natürlich, worauf sie sich einließ, auch wenn von Prostitution nie offen die Rede war.

Während die Schlepper-»Agentur« in Bangkok für das Ticket nur knapp 1500 Mark zahlte, stellte sie Aranya insgesamt 6000 Mark Reise- und Vermittlungskosten in Rechnung. Gemeinsam mit zwei weiteren Thailänderinnen, die ähnlichen Bedingungen zugestimmt hatten, flog sie schließlich mit einem Touristenvisum über Warschau nach Berlin-Schönefeld. Dort wurden sie und ihre beiden Reisegefährtinnen von einem Landsmann abgeholt, der mit dem Chef der »Agentur« in Bangkok weitläufig verwandt war und die drei Frauen in eine Hinterhofwohnung im Berliner Stadtteil Wedding brachte. Gleich darunter, im Parterre, lag das Kleinbordell »Rose«, in dem die 21jährige in den kommenden Monaten arbeiten sollte.

Der Betreiber des Kleinbordells, der Berliner Türke Murat Ö., nahm den drei Frauen gleich nach der Ankunft ihre Pässe und die Rückflugtickets ab. Dem thailändischen Kurier übergab er als erste Abschlagszahlung pro Kopf jeweils 500 Mark; die restlichen Schlepperschulden der drei Mädchen beglich der Bordellboß in den kommenden Wochen in weiteren 500-Mark-Raten.

Die Preise in dem Kleinbordell »Rose« lagen auf dem damals üblichen Niveau: 60 Mark für 20 Minuten, 100 Mark für 30 Minuten Sex, »Französisch« und »Verkehr« jeweils inklusive. Da sich die weitaus meisten Kunden für die kürzere Variante entschieden, nahmen Aranya und ihre drei Kolleginnen fast immer 60 Mark ein – eine »Nummer« für 100 Mark ist in Kleinbordellen dieser Art eher die Ausnahme. Anhand einer Strichliste konnte die Polizei später feststellen, daß die Zahl der Bordellbesucher pro Tag bei rund 20 lag und jede einzelne Thailänderin jeweils zwischen zwei und sieben Kunden bediente. »Durchschnittlich«, so die Ermittlungsakten, »entfielen 4,7 Kunden pro Tag auf jede Frau«. Bei einem Preis von 60 Mark lag der Tagesumsatz eines Mädchens bei rund 300 Mark.

Da die Frauen jeweils 25 Tage im Monat arbeiteten und meist drei Monate lang in Deutschland blieben, setzten sie während ihres Aufenthalts im Schnitt 22 500 Mark um. Besonders junge und attraktive Mädchen konnten diese Summe noch steigern, andere blieben darunter. Das Kleinbordell »Rose« war von mittags bis vier Uhr morgens geöffnet; die Mädchen mußten sich während der gesamten 18 Stunden für Freier bereithalten. Wie in vielen anderen Kleinbordellen dieser Art gab es auch bei »Rose« eine ältere Thailänderin, die etwas deutsch sprach und als »Mama Sam« die Aufsicht führte.

Von den 60 Mark pro Kunden hatten die Thailänderinnen – wie in Wohnungsbordellen üblich – 30 Mark als »Stichgeld« abzugeben. Bei 22 500 Mark Brutto-Gesamtumsatz blieben ihnen somit zunächst 11 500 Mark. Doch von diesem Geld mußten selbstverständlich die Schulden abgetragen werden. Neben den 6000 Mark für die Schlepper wurde den Mädchen eine Monatsmiete von 300 Mark – bei drei Monaten Aufenthalt also 900 Mark – in Rechnung gestellt. Dafür hauste Aranya zusammen mit drei Kolleginnen in einem knapp 20 Quadratmeter großen Zimmer – was pro Frau eine Wohnfläche von weniger als fünf Quadratmetern ergibt.

Hinzu kam noch eine Grundabgabe von 15 Mark pro Arbeitstag. Dieser Betrag wurde mit den Kosten für Kondome, die Reinigung der Räume und die Anzeigen in Boulevardzeitungen (»Süße tabulose Teenies mit Zeit«) begründet und addierte sich bei 75 Arbeitstagen auf immerhin 1125 Mark. Für Aranya und ihre Kolleginnen im Kleinbordell »Rose« ergab sich somit für einen dreimonatigen Deutschlandaufenthalt eine Modellrechnung, bei der von 22 500 Mark Gesamtumsatz 19 275 Mark – also mehr als 85 Prozent – an Schlepper und Zuhälter abgegeben werden mußten.

Von den rund 1075 Mark, die einer Thailänderin im Schnitt pro Monat bleiben, müssen selbstverständlich noch Essen und Getränke bezahlt werden, so daß der Reingewinn nach einem Vierteljahr und 375 »Nummern« selbst bei sparsamster Lebensführung unter 3000 Mark lag – was in etwa dem Sozialhilfesatz für den gleichen Zeitraum entspricht. Verglichen mit dem Geld jedoch, das Aranya und ihre Kolleginnen als Verkäuferinnen oder selbst als Prostituierte in ihrer Heimat verdienen würden, sind auch 2500 Mark als Erlös eines dreimonatigen Deutschlandaufenthalts noch immer lukrativ – auch wenn die Frauen pro »Nummer« im Schnitt nur 8,60 Mark einneh-

Umsatzverteilung beim dreimonatigen Aufenthalt einer thailändischen Prostituierten in Deutschland	
Bruttoumsatz:	22 500 DM
Abzüge:	− 11 250 DM »Stichgeld«
	− 6 000 DM Schlepperkosten
	− 1 125 DM Abgabe für Kondome etc.
	− 900 DM Miete
Gesamtabzüge:	− 19 275 DM
Nettoverdienst:	3 225 DM

men. Bei vielen anderen Ausländerinnen liegt der Reinerlös pro Kunde sogar noch niedriger.

Es gibt einige Kleinbordelle, in denen die Prostituierten zunächst sogar mehr als 50 Prozent des Freierlohns behalten dürfen, anschließend jedoch höhere Beträge für Miete, Schlepperschulden und sonstige Forderungen abgeben müssen. Für den Bordellbetreiber hat eine solche Regelung den Vorteil, daß die Frauen einen größeren Anreiz haben, an einem Arbeitstag möglichst viele Freier zu bedienen. Durch die sonstigen Abgaben bleibt den Mädchen unterm Strich jedoch oft noch weniger Geld übrig.

Für die 19jährige Aranya Kittiporn war die Deutschlandreise noch vergleichsweise lohnend: Da sie erst kurz vor ihrem ohnehin vorgesehenen Rückflug von der Polizei als »illegal einer Erwerbstätigkeit nachgehende Ausländerin« entdeckt wurde, konnte sie nach einem Vierteljahr in dem Bordell »Rose« immerhin knapp 2500 Mark mit zurück in ihre Heimat nehmen.

Vom Monteur zum Millionär

Weit lohnender war das Geschäft für andere: Bordellboß Murat Ö. machte mit der 19jährigen Aranya in drei Monaten mehr als 13 000 Mark Umsatz. Geht man davon aus, daß in seinem Kleinbordell jeweils vier bis fünf Thailänderinnen arbeiteten, ergeben sich Jahreseinnahmen von rund 230000 Mark, denen Kosten von maximal 80000 Mark gegenüberstehen. In noch größerem Stil sahnte allerdings der Bauunternehmer Jürgen V. ab, dem das Mietshaus mit dem Bordell »Rose« gehörte und der sich in wenigen Jahren vom Monteur zum Millionär hochgearbeitet hatte. Sein Trick war es, heruntergekommene Wohnhäuser zu kaufen und sie durch polnische Schwarzarbeiter renovieren zu lassen. Um die Handwerker zu bezahlen, brauchte er Geld, das nicht über seine offiziellen Konten lief – und das bekam er, indem er in fast allen seinen Immobilien Kleinbordelle einrichten ließ, in denen fast ausschließlich thailändische Prostituierte arbeiteten. So stellte er auch dem Bordellbetreiber Murat Ö. in dem Weddinger Haus zwei Wohnungen zur Verfügung; eine zur Unterbringung der Thailänderinnen, die zweite für das Bordell »Rose«, in dem auch die 19jährige Aranya Kittiporn fast drei Monate lang arbeitete. Offiziell wurden die beiden – stark renovierungsbedürftigen – Wohnungen für jeweils rund 400 Mark vermietet. An den offiziellen Konten vorbei kassierte der Hauseigentümer von dem Bordellbetreiber Murat Ö. jedoch jeden Monat weitere 5000 Mark extra. Mit diesem Geld bezahlte Jürgen V. die Schwarzarbeiter, die jeweils für ein paar Wochen nach Berlin kamen und seine Wohnhäuser instandsetzten. Die von den Schwarzarbeitern geschaffene Wertsteigerung der Gebäude war selbstverständlich steuerfrei.

Die Polizei stellte später fest, daß Jürgen V. in den sozial schwachen Stadtteilen Wedding und Neukölln bis zu 15 Wohnungen gleichzeitig an – meist türkische – Bordellbetreiber vermietet hatte. Die dazugehörigen Häuser, in denen während mehrerer Jahre insgesamt rund 200 Thailänderinnen arbeiteten, ließ er jeweils mit den schwarzen Einnahmen renovieren und verkaufte sie später für ein Vielfaches des Anschaffungspreises.

Wie viele andere, die bei der Prostitution kräftig absahnen, begab sich auch der Bauunternehmer und Familienvater Jürgen V. nicht selbst in die Niederungen des Sex-Geschäfts, sondern beschränkte sich auf das regelmäßige Kassieren der Mieten – und ließ dieses Geld dann geschickt für sich arbeiten.

Die »Queen« kassiert

Mehr als 10 000 Prostituierte allein aus Thailand arbeiten nach Schätzungen der Polizei unter ähnlichen Bedingungen wie die 19jährige Aranya in Deutschland. Für Frauen aus Südamerika, Afrika und dem ehemaligen Ostblock gelten meist ähnliche Konditionen. Die Luden sahnen ab, den Huren bleiben die »peanuts« – gerade auf das Geschäft mit Ausländerinnen trifft diese Regel fast immer zu.

Immer wieder fliegen in Deutschland Menschenhändler- und Zuhälterringe auf, die Frauen aus Asien, Südamerika und Osteuropa in großem Stil nach Deutschland schleusen und hier als Prostituierte nach allen Regeln der Milieus ausbeuten. So verurteilte das Landgericht Essen 1992 den Künstleragenten Reinhard K. (54) zu fünf Jahren Haft, weil er mehr als 1000 Filipinas als angebliche »Folkloretänzerinnen« aus Manila über Zypern in deutsche Bordelle geschleust hatte. Der Mädchenhändler besaß sogar eine offizielle Lizenz der Bundesanstalt für Arbeit zur »Vermittlung von Künstlern«.

Das florierende Geschäft flog erst auf, als seine 38jährige Komplizin in einem Bamberger Sex-Club für vier Filipinas 10 000 Mark Schleppergebühr kassieren wollte. Den Prostituierten von den Philippinen blieb pro Nacht mit durchschnittlich fünf Freiern ein Verdienst von höchstens 40 Mark.[3]

Während in Hamburg und Berlin noch immer Thailänderinnen die größte Gruppe der ausländischen Prostituierten stellen, arbeiten in den Frankfurter Großbordellen überdurchschnittlich viele Südamerikanerinnen, vor allem aus Kolumbien. Sie kommen auf der Route Bogota–Amsterdam in die Messestadt am Main und werden dort auf die Eros-Center im Bahnhofsviertel verteilt. Die Polizei steht vor einer Sisyphusaufgabe: Werden nach einer Großrazzia Dutzende oder auch schon mal mehr als 100 Südamerikanerinnen abgeschoben[4], dauert es meist nur Tage, bis die Zimmer wieder mit Neuankömmlingen gefüllt sind. »Nur bei Minderjährigen greifen wir wirklich hart durch«, sagt Kriminalkommissar Bernhard Kowalski, Chef des zuständigen Dezernats. »Da bekommt auch der Betreiber des Bordells sofort ein Verfahren an den Hals.«

Vieles spricht dafür, daß der Handel mit Kolumbianerinnen von

Ausländische Prostituierte in Frankfurt am Main	
Herkunftsland	Anzahl
Kolumbien, Peru, Brasilien	250–300
Thailand	250
Ghana, Kamerun	200
Osteuropa	150
Frankreich	90
Karibik	80
Österreich, Schweiz	40
Italien	30
Türkei, Griechenland	30
Nordafrika	25

Quelle: Polizei Frankfurt am Main

der Kokainmafia gesteuert wird – doch Beweise fehlen. »Die Hintermänner lassen sich in Deutschland gar nicht erst blicken«, weiß Kripo-Mann Kowalski. Als er sich einmal bei der Anlieferung von mehreren Kolumbianerinnen vor einem Eros-Center auf die Lauer legte und glaubte, zumindest einen Schlepper überführt zu haben, entpuppte sich der Mann wenig später als harmloser Taxifahrer.

Nach ihrer Ankunft in Deutschland stellen vor allem Südamerikanerinnen oft einen Antrag auf Erteilung einer Aufenthaltserlaubnis. Das Formular wird fast immer vom Wirtschafter des entsprechenden Eros-Centers ausgefüllt, der sich dafür von den Frauen entsprechend bezahlen läßt. Obwohl diese Anträge keinerlei Aussicht auf Erfolg haben, dürfen die Frauen während der Bearbeitungszeit – oft ein halbes Jahr – nicht abgeschoben werden und können in Deutschland ungestört anschaffen.

Neben den Schleppergebühren und üblichen Abgaben im Großbordell wie Miete und »Block« müssen die Kolumbianerinnen meist noch zusätzliches Geld an eine Aufpasserin aus ihrem Heimatland zahlen, die ebenfalls im Eros-Center wohnt und die Mädchen überwacht. In einem Frankfurter Großbordell mit 25 Zimmern kassierte eine sogenannte »Queen« von den Mädchen jeden Monat 100 000 Mark und überwies das Geld auf ein Konto in Bogota.[5] Wieviel die Prostituierten nach einem mehrmonatigen Aufenthalt mit zurück in die Heimat nehmen, hängt wiederum von Alter, Aussehen und Geschick ab. Schafft es eine Frau, pro Tag in einem Eros-Center mehr als zehn »Nummern« zu absolvieren, kann sich der Deutschlandtrip durchaus noch als lukrativ herausstellen. Manche Frauen erwirtschaften einen Tagesumsatz von über 1000 Mark, zumal wenn sie bei der streng rassistischen Zimmerverteilung in den meisten Großbordellen nicht zu schlecht weggekommen sind. »Wir sind jedenfalls immer wieder überrascht«, so Kowalski, »wieviel Geld manche Frauen trotz der Ausbeutung noch in ihre Heimat schicken.«

Dänische »Hochzeiten«

Der Anreiz, in Deutschland mit Sex D-Mark zu verdienen, scheint in den Herkunftsländern jedenfalls nach wie vor ungebrochen. Während Asiatinnen und Südamerikanerinnen in Frankfurt meist im Eros-Center anschaffen und dort auch wohnen, arbeiten die Frauen aus dem ehemaligen Ostblock häufig in Sex-Clubs und Wohnungsbordellen – wie auch die vier Russinnen, die am 14. August 1994 in dem Luxuspuff des Ungarn Gabor Bartos im Westend ermordet wurden.

Die meisten Prostituierten aus Ost- und Mitteleuropa, Afrika und Lateinamerika bleiben nur für ein paar Wochen und Monate in Deutschland. Damit sie gleich mehrere Jahre lang in Deutschland mit Sex Geld verdienen können, werden vor allem Thailänderinnen häufig mit Deutschen verheiratet – vor allem seit 1989, als von der Bundesregierung die Visumspflicht eingeführt wurde.

Die »Ehemänner« der thailändischen Prostituierten stammen oft aus dem Obdachlosenmilieu und erhalten für ihr Jawort von den

Bordell- oder Clubbetreibern zwischen 3000 und 5000 Mark. Die Heirat findet meist in Dänemark statt, wo ein Paar bereits nach zwei bis drei Tagen Aufenthalt im Land rechtmäßig getraut werden kann. »Die Bräute machen meist den Eindruck, als wüßten sie überhaupt nicht, worum es geht«, sagt ein Standesbeamter auf der Insel Mön.[6] Sein Kollege Nas Aage Petersen in Südfalster hat allein zwischen Januar und Oktober 1994 fast 70 deutsch-thailändische Ehen geschlossen. »Auf thailändischen Handzetteln«, so der Beamte, »frage ich die Frauen mittlerweile, ob sie ihren zukünftigen Ehemann überhaupt schon jemals zuvor gesehen haben.« Doch selbst wenn die Antwort wenig überzeugend ausfällt, kann Petersen dem angeblichen Paar die Trauung nicht verweigern. Auch auf den grenznahen Standesämtern von Sonderburg, Tondern oder Rödby gehören »Hochzeiten« zwischen einer thailändischen Prostituierten und einem deutschen Obdachlosen seit einigen Jahren zum Alltag.

Für die Organisation einer solchen Scheinehe werden den Frauen bis zu 10 000 Mark berechnet, die später natürlich ebenfalls im Puff abgearbeitet werden müssen. Die Heirat mit einem Deutschen bietet ausländischen Huren Vor- und Nachteile: Zum einen sind sie durch die Ehe oft noch enger an das Milieu gebunden und müssen neue Schulden begleichen. Andererseits jedoch können sie sich – zumindest theoretisch – bei Problemen selbst an die Polizei wenden, ohne sogleich mit einer Abschiebung rechnen zu müssen.

Deutlich zugenommen hat seit Anfang der 80er Jahre die Zahl thailändischer Männer, die in ihrer Heimat eine Geschlechtsumwandlung vornehmen ließen und nun in Deutschland als weibliche Prostituierte arbeiten. Ihr Anteil wird in den Frankfurter Eros-Centern auf bis zu zehn Prozent und in Berliner Kleinbordellen auf immerhin zwei bis drei Prozent geschätzt. »Oft erkennt man nur an den Händen, ob man eine echte oder eine künstliche Frau vor sich hat«, weiß der Frankfurter Milieuexperte Bernhard Kowalski. Da sie in ihrem Paß meist noch als Männer gelten, werden transsexuelle Prostituierte gelegentlich auch mit deutschen Frauen verheiratet, um für die Bundesrepublik eine Aufenthaltsgenehmigung zu erhalten. »Die thailändischen Ladyboys«, so der Frankfurter Polizeisprecher Peter Borchert, »sind schwer im Kommen«.[7]

VIII. Rotlicht aus dem Osten

Eine der größten Veränderungen auf dem deutschen Sex-Markt brachte der Kollaps des Sowjetsozialismus Ende der 80er Jahre mit sich. Zwar kommen noch immer viele Prostituierte aus Asien, Afrika und Südamerika nach Deutschland, doch werden sie vor allem in Kleinbordellen und Sex-Clubs zunehmend von Osteuropäerinnen verdrängt. Wie groß ihre Zahl wirklich ist, weiß niemand, und auch hier klaffen die Angaben weit auseinander: »Nach seriösen Schätzungen befinden sich seit dem Fall des ›Eisernen Vorhangs‹ bis heute mindestens 10 000 osteuropäische Frauen in Deutschland, die hier (freiwillig oder gezwungen) die Prostitution ausüben«, schrieb Cornelia Yzer, Staatssekretärin im Bonner Frauenministerium, bereits im April 1992.[1] Manche Schätzungen gehen sogar soweit, daß mittlerweile schon jede vierte Prostituierte in deutschen Landen aus dem ehemaligen Ostblock stammt;[2] dies dürfte jedoch nur für einige Städte und Regionen zutreffen.

Der Trend allerdings zeigt steil nach oben, und die Dunkelziffer ist gewaltig. Vor allem aus den Nachbarländern Polen und Tschechien, jedoch zunehmend auch aus Rußland, Weißrußland und der Ukraine kommen viele Frauen nur für ein paar Wochen zum Anschaffen nach Deutschland und werden weder von der Polizei noch von anderen Behörden erfaßt.

Als Opfer von Menschenhändlern registrierte das Bundeskriminalamt 1992 und '93 in ganz Deutschland 742 Frauen aus dem ehemaligen Ostblock – eine Zahl, die nur einen winzigen Bruchteil der tatsächlichen Dimensionen widerspiegelt. »Mal eben nach Prag fahren, aussuchen und mitnehmen«, beschreibt Willi Fundermann, Rotlichtexperte aus dem Bundeskriminalamt, das Geschäftsgebaren der Mädchenhändler.[3]

Mädchenhandel in Deutschland (1992/93)	
Herkunft der Frauen	Registrierte Anzahl
Polen	219
ehem. ČSFR	218
GUS	147
Bulgarien	111
Thailand	29
Rumänien	25
Türkei	15
ehem. Jugoslawien	13
Ungarn	9

Quelle: BKA

Gemeinsam mit dem Mädchenhandel nahm auch direkt hinter der deutsch-tschechischen Grenze das Geschäft mit käuflichem Sex einen rasanten Aufschwung. Schon zu sozialistischen Zeiten ein Ort verdeckter Prostitution, entwickelte sich die rund zwölf Kilometer lange Strecke zwischen dem Übergang Zinnwald und der Stadt Teplice (Teplitz) seit 1990 zum größten Straßenstrich Europas.

»Currywurst 2,50 DM, Ilonka 50 DM«

Knapp einen Kilometer hinter der Grenze stehen die ersten am Straßenrand: In schwarzen Kleidern und hochhackigen Pumps fordern zwei junge Frauen die männlichen Autofahrer mit eindeutigen Gesten zum Anhalten auf. Ein Stück weiter, gegenüber einer geschlossenen Neorenaissancekirche – nachgebildet einer Basilika im fernen Venedig – wartet gleich ein halbes Dutzend Mädchen. Wenn sie einen Mann alleine in einem vorbeifahrenden Wagen sehen, reißen einige sogar ihre Blusen auf, um ihn mit dem Anblick ihrer Brüste zu ködern.

Den »Highway der billigen Liebe« und ein »kaltes Buffet der Lust« nennt das »Time Magazine«[4] die zwölf Kilometer der Europastraße 55 zwischen dem deutsch-tschechischen Grenzübergang Zinnwald und der Stadt Teplice (Teplitz). An Imbißbuden, Parkplätzen oder am Straßenrand stehen von morgens bis spät in die Nacht Dutzende von Mädchen und Frauen, die ihren Kunden – fast alle aus dem nahen Deutschland – nur eines zu verkaufen haben: Sex. Manche scheinen erst 14 oder 15 Jahre alt zu sein; andere wiederum sehen wie 40 aus.

»Welcome Fans!« hat ein Imbißbudenbesitzer auf seinen Kiosk gepinselt, und ein Kollege war eine Zeitlang noch direkter: »Currywurst 2,50 DM, Flasche Becherovka 10 DM, Ilonka 50 DM«. Gemeint war seine 22jährige Schwester, die neben dem Schnellimbiß im engen T-Shirt und schwarzen Minirock auf Freier aus Deutschland wartete. »Sie ist eine der erfolgreichsten im Geschäft«, berichtete der Zuhälter und Pommes-Verkäufer in Personalunion. »Ihre Kleider kommen alle aus dem Karstadt in Dresden.«[5]

Ein Opel Ascona mit Chemnitzer Kennzeichen stoppt bei einem anderen improvisierten Verkaufsstand mit tschechischem Bier, russischem Sekt und deutschen Zigaretten. Als der Fahrer aussteigt, stürzen sofort zwei Mädchen auf ihn zu, eine Tschechin mit notdürftig blond gefärbten Haaren und ein Roma-Mädchen im engen Body. Während die Tschechin den vielleicht 25jährigen wie unter Drogen mit leerem, sich verlierendem Blick anstarrt und ihre Kollegin ein gequältes Lächeln aufsetzt, erklingt eine Stimme im Hintergrund: »Gut Mädchen, Bumsen, 50 Mark.« Mit glänzenden, nach hinten gekämmten Haaren, Goldzahn, dickem Bauch und abgetragenem Nadelstreifenjackett sieht der Mann tatsächlich aus wie die Karikatur eines kleinen, miesen Zuhälters – doch an der E 55 werden solche Bilder Wirklichkeit. Während auf der Straße gerade ein 38-Tonner aus Dänemark vorbeidonnert, kommt der Lude langsam näher und verhandelt die Preise: »Wenn willst gemütlich in Hotel, 20 Mark mehr«, versucht er den Deutschen zu überzeugen.

Eine schnelle »Nummer« im Auto oder im schäbigen »Hotel Sport« gleich hinter der Grenze – schon zu sozialistischen Zeiten ein heimlicher Puff – ist nur wenig preiswerter als der Besuch in vielen deutschen Billigbordellen. Auch wenn das Angebot an der E 55 die Nachfrage meist übersteigt und viele Frauen lange auf den ersten Freier warten, liegen auch hier die Tarife nicht unter 50 Mark. »Bisse jeck?«, zitierte der »Stern« einen Lkw-Fahrer aus Köln, der mit einer Ladung Mahagonimöbel aus Istanbul 15 Stunden am Übergang Zinnwald wartete und die Sex-Offerten im Stau wenig verlockend fand: »Kanns'e dir doch besser in Bulgarien fürn Zwanni einen blasen lassen oder in Rumänien für zehn, die ganze Nacht.«[6]

Auch der Sozialforscher Rudolf Netzelmann, der im Auftrag der Weltgesundheitsorganisation (WHO) Prostitution und Aidsgefährdung im deutsch-tschechischen Grenzgebiet untersuchte, kam zu dem Ergebnis, »daß sich kaum eine Frau herunterhandeln läßt«. Knapp 50 Kilometer südlich von Dresden haben Zuhälter das Geschäft fest in der Hand, und sie wissen, was im nahen Deutschland die Ware Frau wert ist. Wer mehrere Mädchen kontrolliert, macht auch dann ein Geschäft, wenn jede Hure pro Nacht nur einen oder zwei Freier hat. Und bei monatlichen Durchschnittslöhnen zwischen 100 und 200 Mark ist es für eine arbeitslose Frau noch immer lukrativ, wenn ihr nach einer Nacht an der Europastraße 20 oder 30 Mark bleiben.

Manche Prostituierte wurden allerdings mit brutaler Gewalt auf den Strich gezwungen. Sozialforscher Netzelmann berichtet vom Fall einer 19jährigen Zigeunerin, die am Tag ihrer Entlassung aus einem Waisenhaus im westböhmischen Pilsen von zwei Roma entführt wurde. Die Zuhälter wußten offenbar, zu welchen Terminen die Vollwaisen aus dem Heim entlassen werden. »Die beiden warteten schon auf mich«, berichtete das Mädchen dem WHO-Mitarbeiter. Die Männer brachten ihr Opfer ins nordböhmische Cheb (Eger) und verkauften es dort einem Deutschen für 300 Mark zur Entjungferung.

Den Trick, junge Frauen zu entführen, die keinen Kontakt zu Eltern oder Verwandten haben, kennen Zuhälter auch anderswo in Europa. So berichtete ein ungarischer Menschenhändler im belgi-

schen Fernsehen über seine Rekrutierungsmethoden in Rumänien:
»Es gibt viele Mädchen, die ins Ausland wollen. Ich entscheide mich
immer für eine, die keiner vermissen wird – die Ärger mit ihren Eltern hat oder allein lebt. Wenn ich sie an einen Zuhälter verkaufe,
wird niemand nachforschen.«[7]

Die junge Zigeunerin aus Pilsen wurde nach ihrer Entjungferung
auf den Straßenstrich zwischen Cheb (Eger) und der deutschen
Grenze geschickt. Nach einigen Monaten verkauften ihre beiden Zuhälter die damals 18jährige für 300 Mark an einen Kollegen im weiter östlich gelegenen Grenzstädtchen Varnsdorf, wo sie ebenfalls auf
den Straßenstrich geschickt wurde. Nach ihren Schilderungen
wurde sie einige Wochen später für kurze Zeit in ein Kleinbordell
nach Berlin gebracht. Ein Schlepper fuhr sie schließlich nach Tschechien zurück und gab sie an einen Zuhälter in Teplitz weiter.

»Er ist nett zu mir, und ich hoffe, daß ich bei ihm bleiben kann«,
berichtete die 19jährige dem WHO-Mitarbeiter Netzelmann. »Ich
muß ihm nur die Hälfte von meinem Verdienst geben.« Mittlerweile
habe sie sich an die Prostitution gewöhnt: »Was soll ich denn sonst
auch machen?«

Uninformierte Uniformierte

Auf der verschlafenen Polizeiwache im 8000-Einwohner-Dorf Dubí
(Eichwald) gleich hinter der Grenze hängen die Fotos von jungen
Mädchen aus der ganzen ehemaligen Tschechoslowakei: »Manche
sind erst 14 Jahre alt, hauen von zu Hause ab und wollen das große
Geld«, berichtet der Stationschef. »Hin und wieder taucht hier an
der Straße eine als Hure wieder auf.«[8] Daß die Gesundheit vieler
Frauen auf der Strecke bleibt, verwundert kaum: Im Sommer 1993
registrierten Ärzte in den deutsch-tschechischen Grenzegebieten
einen Anstieg der Tripper- und Syphilisfälle von über 150 Prozent –
bei vermutlich weitaus höherer Dunkelziffer.[9] »Wir sind sicher«, so
Jan Marek, Chefarzt der Klinik für Haut- und Geschlechtskrankheiten in Cheb (Eger), »daß Hunderte von Prostituierten nicht zum
Arzt gehen und ihren Tripper selbst behandeln.« Der Mediziner hat

beobachtet, daß die Zuhälter ihre Frauen mit Antibiotika versorgen. »Manchmal werden die Medikamente auch von Freiern aus Deutschland mitgebracht.« Marek fordert, an den Fernstraßen im Grenzgebiet Warnschilder aufzustellen: »Viele unserer Patientinnen verlassen unter Druck ihrer Zuhälter das Krankenhaus und stehen am nächsten Tag trotz Infektion wieder an der Straße.«

Nicht weniger weit verbreitet als Geschlechtskrankheiten ist an der E 55 auch der klassische Beischlafdiebstahl. Der Geschäftsmann aus Dresden, der sich morgens um 2.30 Uhr nur mit einem roten Slip bekleidet auf die Teplitzer Polizeiwache schlich und um Ersatzpapiere bat, ist keineswegs ein Einzelfall. Schwere K. o.-Tropfen hatten ihn beim Anbandeln mit einem leichten Mädchen in Sekundenschnelle außer Gefecht gesetzt; als er im Stundenhotel wieder erwachte, war ihm nur die Unterhose geblieben.

Eine Zeitlang warnten die tschechischen Paßkontrolleure mit vergilbten DIN-A4-Zetteln am Grenzübergang vor den »erotischen Diensten« auf den kommenden Kilometern: »Ein Augenblick solcher Freude kann Ihnen und Ihren Lieben ein Unglück für das ganze Leben bringen.« Doch mittlerweile wurde der fürsorgliche Service eingestellt; die sexgierigen Deutschen wissen schließlich selbst, worauf sie sich einlassen.

Zudem machte sich bei den schlecht bezahlten und offenbar häufig uninformierten Uniformierten der Region auch eine gewisse Gleichgültigkeit breit. »Was können wir an diesen Verhältnissen schon ändern«, sagt ein Mitarbeiter der Kreispolizei im nahen Ustí (Aussig). Wie in anderen ehemals sozialistischen Ländern leidet auch die tschechische Polizei unter einem rapiden Autoritätsverlust. »Die werden von kaum einem Zuhälter ernst genommen«, hat WHO-Mitarbeiter Netzelmann festgestellt. »Die Beschützer sorgen untereinander für Ordnung – wenn es sein muß, mit Gewalt.«

Vieles spricht dafür, daß die unterbezahlten Staatsdiener von den Zuhältern regelmäßig bestochen werden. »Bei fast jeder Razzia wissen alle schon vorher Bescheid«, räumt ein anderer Offizier aus der Provinzhauptstadt Ustí nad Labem offen ein. Ansonsten neigt die Polizei dazu, für die Verhältnisse auf dem Straßenstrich vor allem Zigeuner und Slowaken verantwortlich zu machen. Häufen sich Beschwerden von Einheimischen, greift die Polizei meist gegen die Prostituierten durch – »das schwächste Glied der Kette«, wie WHO-Mitarbeiter Netzelmann sagt. »An die Zuhälter trauen sich die Behörden kaum heran.«

Braunkohle und Plattenbau

Zwar konzentriert sich das Geschäft mit dem käuflichen Sex ganz besonders auf die wenigen Kilometer zwischen Zinnwald und Teplitz, doch stehen auch an anderen Fernstraßen im Norden Böhmens häufig Gelegenheitsprostituierte. Ein ausgedehnter Straßenstrich hat sich zwischen dem westböhmischen Cheb (Eger) und der nahen bayerischen Grenze etabliert. Auch in den Diskotheken nahe der deutschen Grenze sind Frauen häufig zu Sex gegen Geld bereit.

Der Nachtclub »Forum« in Teplitz ist vor allem an Wochenenden ein beliebter Treffpunkt auch für Besucher aus dem nahen Sachsen. Während sich auf der Bühne eine mäßig begabte Band mit Hits von Phil Collins und Tina Turner abmüht, lungern viele Frauen eher gelangweilt vor der Bar und an den Tischen herum. Zeigt ein Tourist Interesse an einem Mädchen, ist meist schnell ein Zuhälter zur Stelle, der die Verhandlung führt und das Geld kassiert. So manches Sex-Abenteuer scheitert im »Forum« allerdings schon daran, daß der potentielle Freier vor Ausführung seiner Pläne volltrunken im Sessel hinwegdämmert. Wenn er wieder erwacht, ist er sein Geld meist trotzdem los.

Daß gerade in Nordböhmen die Prostitution wie kaum sonstwo in Europa floriert und es hier zugleich ein unerschöpfliches Reservoir für den Sex-Markt im nahen Deutschland gibt, hat neben wirtschaftlichen und geographischen auch historische Gründe. Die Region war jahrhundertelang fast ausschließlich von Deutschen besiedelt und wurde durch das Münchner Abkommen 1938 mit dem übrigen »Sudetenland« von Hitler annektiert. Nach dem Zweiten Weltkrieg allerdings mußten die Sudetendeutschen gehen – auch als Quittung dafür, daß sie in ihrer großen Mehrheit die Nazis unterstützt hatten.

Der ČSSR fiel es jedoch nach 1945 nicht leicht, die verlassenen Regionen neu zu besiedeln. Anders als etwa die Polen, die selbst große Gebiete verloren und deren Städte zum Großteil verwüstet waren, hatten die meisten Tschechen den Krieg in ihrer kaum zerstörten Heimat unversehrt überstanden – und deshalb auch wenig Neigung, in die ehemals von Deutschen bewohnten Landstriche zu ziehen. Gerade in Nordböhmen siedelte die Prager Regierung neben Tschechen und Slowaken auch viele Zigeuner an, deren Integration bis heute beträchtliche Probleme bereitet. Nach Angaben des Bundesinstituts für Ostwissenschaftliche Studien in Köln konnten die Bevölkerungsverluste der Nachkriegszeit in Nordböhmen nie ausgeglichen werden. Und während in vielen Gegenden der Tschechischen Republik die Zeichen der wirtschaftlichen Erholung trotz aller Probleme mittlerweile unübersehbar sind, macht der Norden des Landes noch immer einen eher tristen und vernachlässigten Eindruck.

Durch die Braunkohleförderung setzte zudem ein ökologischer Raubbau ein, mit dessen Folgen die Region noch lange zu kämpfen haben wird. Zu welchen Verwüstungen sozialistische Planungswut und mangelndes Heimatgefühl der Bewohner führten, zeigt das Schicksal der 70 000-Einwohner-Stadt Most (Brüx) in der Nähe von Teplitz: In den 60er und 70er Jahren wurde die gesamte Altstadt dem Erdboden gleichgemacht, um dort für ein riesiges Braunkohlefördergebiet Platz zu schaffen. Nur bei der 450 Jahre alten Kirche kannten die industriehörigen Abreißer ein wenig Gnade, setzten sie auf Rollen und verfrachteten sie einige hundert Meter weiter, wo das Gotteshaus nun zwischen zwei Fabrikhallen ein tristes Dasein fristet. Wo sich früher die engen Gassen der barocken Stadtanlage wanden, klafft heute eine riesige, braungraue Tagebaumulde; die Bevölkerung mußte in riesige Plattenbausiedlungen am Rande des Fördergebiets ziehen.

Marcela aus Teplice

Auch an der Kapitana-Jarose-Straße in Teplice stehen jene Platten-
bauten, wie sie von Eisenach bis zum Eismeer an den Rand jeder größeren Stadt im ehemaligen Ostblock geklotzt wurden. Im vierten
Stock eines der Hochhäuser wohnt die 1974 geborene Marcela J.,
eine blonde, zierliche und auffallend attraktive Frau. Nach der
Schule arbeitete sie für kurze Zeit als Verkäuferin. Zu ihren Eltern,
die ebenfalls in Teplice wohnen, hat sie wenig Kontakt.

Für den schmuddeligen Straßenstrich an der E 55 ist Marcela zu
hübsch. Wie mehr als 50 andere, meist minderjährige Mädchen aus
Teplitz und Umgebung wurde auch sie Anfang 1991 von Schleppern
direkt nach Deutschland gebracht, um dort anzuschaffen. Einige
landeten in Iserlohn oder Paderborn, andere kamen nach Frankfurt,
Berlin, Halberstadt oder einen Sex-Club im brandenburgischen Mel-
chow. Manche von ihnen sind bis heute verschollen.

Ihr Landsmann Andrej P. (32) fuhr die damals 16jährige Marcela
am 25. Januar 1991 mit einem gefälschten Paß nach Berlin. Wie sie
der Polizei später berichtete, hatte ihr der smarte Schlepper versprochen, daß sie in der Stadt als Kellnerin arbeiten und rasch viel Geld
verdienen könne. Der Tscheche lieferte das junge Mädchen bei seinem Kompagnon Sahabettin S. ab, Chef des Bordells »Mona« im
Stadtteil Neukölln und stets auf Nachschub aus. Laut Ermittlungsakten erhielt Andrej P. pro angelieferter Frau 400 bis 500 Mark – ein
Preis, der deutlich unter den sonst gängigen Tarifen für ausländische
Prostituierte in Deutschland liegt. Es spricht einiges dafür, daß es
sich bei dieser Summe nur um eine erste Rate handelte.

Wie in der Branche üblich, nahm Sahabettin S. der 16jährigen zunächst den Paß sowie ihre Winterkleider ab und ließ sie jeden Tag
von 16 Uhr bis vier oder fünf Uhr morgens anschaffen. Wenn die
meist türkischen Freier kein Kondom benutzen wollten, mußten
Marcela und die anderen Mädchen in der Weserstraße diesen
Wunsch akzeptieren. Nur in Begleitung durfte sie das Bordell verlassen; neben dem Chef selbst sorgten auch seine Mitarbeiter und eine
Thailänderin namens »Pen« für Bewachung rund um die Uhr.

Während die meisten Mädchen – fast alle im Alter zwischen 16 und 19 Jahren – im Durchschnitt fünf bis sechs Freier pro Zwölf-Stunden-Schicht bedienten, hatte Marcela manchmal bis zu 15 Männer in der Nacht, »Französisch« und »Verkehr« jeweils inklusive. Wie ihre Kolleginnen nahm auch die blonde Kindfrau pro Freier 60 Mark, von denen Sahabettin S. jeweils die Hälfte direkt kassierte. Doch natürlich stellte der Boß vom Bosporus auch Unterkunft, Verpflegung und die Anzeigen in Boulevardzeitungen in Rechnung, so daß den Tschechinnen nur rund zehn Prozent ihrer Einnahmen blieben. Aus Angst davor, daß ihnen die deutsche Polizei ihr schwer verdientes Geld gleich wieder abnimmt, stellen ausländische Prostituierte ihren Verdienst allerdings oft noch niedriger dar, als er ohnehin schon ist. Zwei 18jährige Tschechinnen jedenfalls, die am 28. März 1991 aus dem Badezimmerfenster des Bordells »Mona« geflohen waren, kehrten kurze Zeit später – offenbar freiwillig – wieder zu Sahabettin S. zurück.

Selbst wenn den Frauen bei »Mona« nach und unter dem Strich nur ein Minimum ihres Umsatzes blieb: Ein Monatsverdienst von über 1000 Mark ist für eine 16jährige Tschechin ohne Berufsaussichten noch immer unglaublich viel Geld. Das große Geschäft allerdings machte der Chef: Als die Polizei Sahabettin S. am 4. Juni 1991 schließlich vor seinem Puff »Mona« in der Weserstraße festnahm, hatte er in den Hosentaschen seines schwarzen Trainingsanzuges noch die Einnahmen vom Wochenende: 9150 Mark in Scheinen. Vier Jahre Haft erhielt er später wegen Menschenhandels und ausbeuterischer Zuhälterei; sein tschechischer Schlepper Andrej P. mußte für drei Jahre ins Gefängnis.[10] Nicht alle allerdings, die an Marcela J. und ihren Kolleginnen mitverdient hatten, wurden bestraft: Mieter der Wohnung in der Neuköllner Weserstraße war der Berliner Bernd F., der das gut eingeführte Bordell im Januar 1990 für 25 000 Mark an Sahabettin S. verkauft hatte. Zusätzlich erhielt er von dem Türken jeden Monat eine Pachtgebühr von 3600 Mark. Doch von der Justiz gab es für Bernd F. nichts zu befürchten – er hatte sich die Hände ja schließlich auch nicht selbst schmutzig gemacht.

Auch Zeitungsverlage kamen mit dem Neuköllner Bordell auf einen guten Schnitt: Fast täglich gab Sahabettin S. für Preise zwischen 60 und 80 Mark in Berliner Boulevardblättern Anzeigen auf, in denen für Marcela J. und die anderen jungen Tschechinnen mit Worten wie »Neu, tabulose Modelle, 18 J.« oder »Teeny-Modelle, vielseitig« geworben wurde – bei rund 300 Annoncen im Jahr immerhin ein Umsatz von mindestens 21 000 Mark. Über die Mehrwertsteuer ging schließlich auch der Staat nicht leer aus: Bei einem Satz von damals 14 Prozent konnte der Fiskus fast 3000 Mark einstreichen.

Die Bordellwohnung in der Neuköllner Weserstraße hatte im übrigen eine recht wechselvolle Geschichte, die nicht untypisch für die Entwicklung des Sex-Geschäfts in Deutschland ist: Nachdem dort Mitte der 80er Jahre ein Tabak- und Zeitungsladen pleite gegangen war, wurden die Räume von einem Berliner Türken in einen Kleinpuff umgewandelt, in dem ausschließlich Thailänderinnen arbeiteten. Anfang 1990 übernahm Sabahettin S. den Betrieb, und die Asiatinnen mußten Frauen aus dem ehemaligen Ostblock weichen – darunter auch der 16jährigen Marcela. Nachdem der Chef und sein Schlepper verhaftet worden waren, stand die Wohnung einige Monate lang leer. Anschließend wurden dort osteuropäische Frauen einquartiert, die jeweils für ein paar Wochen oder Monate in anderen Berliner Kleinbordellen arbeiteten.

Bestellungen in Böhmen

Vor allem zwischen Sex-Clubs in den neuen Bundesländern und der Tschechischen Republik floriert ein reger Mädchenhandel. Deutsche Bordelliers geben bei ihren böhmischen Kollegen Bestellungen auf und zahlen eine Leihgebühr, die für zwei Wochen bei rund 500 Mark liegt.[11] Selbstverständlich müssen auch diese Beträge von den Frauen abgearbeitet werden – den Reibach machen die Luden von diesseits und jenseits der Grenze.

Ein Zollbeamter am Übergang Zinnwald berichtet von mehreren Tschechinnen, die gegen ihren Willen in einen sächsischen Sex-Club geschickt werden sollten. Am Kontrollpunkt baten sie die deutschen Grenzer, ihnen offiziell die Einreise zu verweigern. Den entsprechenden Stempel im Paß wollten sie dann ihrem Zuhälter zeigen, um eine Entschuldigung für ihre Rückkehr zu haben.

Andere Frauen werden versteckt unter einer Lkw-Plane oder im Kofferraum über die Grenze gebracht. In zahlreichen ostdeutschen Provinznestern wie Eberswalde oder Senftenberg, Finsterwalde oder Luckau, wo sich das Nachtleben jahrzehntelang auf einige piefige HO-Gaststätten beschränkte, locken seit der Wende Rotlichtkneipen wie »Tiffany«, »Ramona« oder »Romantic Bar«. Gerade in den grenznahen Gebieten kommen die Prostituierten fast alle aus Tschechien, Polen oder der ehemaligen Sowjetunion.

Immer wieder entdeckt die Polizei in den neuen Bundesländern illegale Bordelle, wo ausschließlich Frauen aus den ehemaligen »Bruderländern« der früheren DDR arbeiten – so auch Ende August 1994 in dem Provinznest Neuendorf im ländlichen Oder-Spree-Kreis, wo in dem Lokal »Longhorn« acht Osteuropäerinnen illegal anschafften. Das Haus gehörte der Gemeinde, die dem Betreiber für seine »Schank- und Speisegaststätte mit Pension« eine Monatsmiete von gerade mal 290 Mark abnahm – ein gelungenes Beispiel kommunaler Wirtschaftsförderung.[12]

Kurz zuvor hatte die Polizei in Stegelitz bei Prenzlau einen von Deutschen und Russen betriebenen Sex-Club ausgehoben, in dem vor allem Tschechinnen und Ukrainerinnen arbeiteten. Als der Stammkunde Thomas E. aus Templin eine der Ukrainerinnen aus dem Bordell holen und heiraten wollte, verlangten ihre Zuhälter 30 000 Mark »Ablöse«.[13]

Das Potsdamer Landgericht verurteilte im August 1994 den ehemaligen Chef des dortigen Straßenstrichs zu vier Jahren Haft, weil er minderjährige Frauen aus Tschechien und Weißrußland in die Landeshauptstadt gelockt und zum Anschaffen gezwungen hatte. Nach Berechnungen des Gerichts verdiente der Mann pro Mädchen und Tag zwischen 500 und 1500 Mark, in Spitzenzeiten auch über 2000 Mark.

Auch wenn das deutsche Strafgesetzbuch den Tatbestand nicht kennt, finden Polizei und Staatsanwälte für das grenzüberschreitende Sex-Geschäft immer wieder denselben Ausdruck: moderner Sklavenhandel.

Zwar wissen auch die meisten Frauen aus Mittel- und Osteuropa, auf was sie sich in Deutschland einlassen, doch werden vor allem junge Mädchen immer wieder mit falschen Versprechungen in den angeblich goldenen Westen gelotst und hier zur Prostitution gezwungen. Für den Berliner Oberstaatsanwalt Bernhard Brocher ist es »eindeutig eine Frage des Alters und der Lebenserfahrung«, ob eine Frau tatsächlich mit völlig falschen Vorstellungen nach Deutschland kommt. »Je jünger die Frauen, desto leichter können sie getäuscht werden – und desto weniger können sie sich später wehren.«

Schlagzeilen machte der Fall von zwei ungarischen Teenagern, die im Juni 1992 nach Deutschland gebracht und in mehreren Bordellen brutal mißbraucht wurden, die jüngste gerade 13 Jahre alt.[14] In der Freiluftdisco ihres verschlafenen Heimatdorfes Bátaszéks lernen sie im Frühjahr 1992 den gutaussehenden Sándor kennen, einen ungarischen Roma. In den nächsten Wochen umgarnt er die beiden heftig, geht mit ihnen aus und lädt sie großzügig ein. Sie ahnen nichts von seinen wahren Zielen. »Kommt mit nach Deutschland, da könnt ihr als Kellnerinnen im Monat 60 000 Forint verdienen«, schlägt er den beiden schließlich vor.

Die Summe – umgerechnet rund 700 Mark – verdreht ihnen den Kopf: »Soviel verdient meine Mutter im ganzen Jahr«, denkt die 14jährige Ilona, und am Abend des 18. Juni steigt sie gemeinsam mit ihrer noch ein Jahr jüngeren Freundin Emöke tatsächlich in den gelben Opel von Sándor. »Wenn es ihnen nicht gefällt, sind sie in ein paar Tagen wieder zurück«, hat er Vater und Mutter vor der Abreise noch versprochen und ihnen so ihr Jawort entlockt.

Was die Eltern nicht wissen: Der Mann bringt ihre jungen Töchter geradewegs in das Offenbacher Wohnungsbordell seines Landsmanns Jozsef S., wegen seiner Brutalität gefürchtet und im Milieu nur unter dem Namen »Motoros« bekannt. Für die jungen Mädchen beginnt ein Alptraum: »Ein Araber gab Motoros 500 Mark für eine Nacht mit mir«, berichtet Ilona später bei der Polizei. »Die im Auto, auf dem Rücksitz, zahlten nur 30 Mark. Wenn die Bar zumachte, hat uns Motoros zu der Straße mit den roten Lichtern nach Trier gefahren. Da wollte mich so ein Häßlicher kaufen, für 20 000 Mark.«

Auch ihre Freundin Emöke, mit damals 13 Jahren noch ein halbes Kind, erinnert sich an »diese Bar in Kaiserslautern. Wir durften im-

mer nur ›Piccolo‹ zu den alten Männern sagen. Ein Glas für 30
Mark, das müssen sehr reiche Männer sein.«[15] Nach 14 Tagen bringt
Sándor die beiden mißbrauchten Mädchen wieder zurück nach Ungarn – »aus Mitleid«, wie er später im Gefängnis sagt, denn direkt
nach ihrer Rückkehr wird er von der Polizei verhaftet.

Ähnlich der Fall von zwei Tschechinnen, die jüngere ebenfalls erst
13 Jahre alt: Von Bulgaren waren die beiden zunächst in ein Bordell
nach Kiel entführt und im Januar 1993 für 7000 Mark an einen Sex-
Club in Paderborn weiterverkauft worden.

Von Lodz nach Lichterfelde

Dennoch kommen die weitaus meisten Prostituierten freiwillig und
»sehenden Auges« nach Deutschland, wie der Frankfurter Kriminalkommissar Bernhard Kowalski sagt. Auch sein Berliner Kollege
Andreas Pahl, Chef des dortigen Referats für Organisierte Kriminalität, ist sicher, daß fast alle erwachsenen Frauen vor ihrer Abreise
»zumindest ahnen«, womit sie in Deutschland ihr Geld verdienen
werden.

»Zu Hause habe ich am Tag höchstens 100 Mark bekommen«, sagt
etwa die 24jährige Profi-Prostituierte Irina aus dem tschechischen
Brünn, die für ein paar Wochen in einem Sex-Club bei Kaiserslautern anschaffen ging. »Hier mache ich locker das Dreifache.« Noch
viel extremer ist das Verhältnis für Frauen, die daheim am Fließband
oder an der Stanze standen und nun im D-Mark-Land mit Sex ihr
Geld verdienen: Als Arbeiterin in einer noch immer staatlichen Tex-
tilfabrik im polnischen Lodz erhielt die 24jährige Jolanta M. nicht
einmal zehn Mark am Tag. Bei einem Besuch in Danzig lernte sie
einen Mann kennen, der ihr für 400 Mark Vermittlungsgebühr
einen Job als Bedienung in einer Berliner Bar anbot. Jolanta M. wil-
ligte ein und kam mit in die deutsche Hauptstadt, wo sie der Mann
in das Bordell »Lange« im Bezirk Lichterfelde brachte.

»Dort wurde sie dann von dem Angeschuldigten T. empfangen«,
hieß es später im nüchternen Deutsch der Ermittlungsakten. »Dieser
erklärte ihr, daß es sich um einen Bordellbetrieb handele und sie dort

der Prostitution nachgehen müsse. Darüber war die Zeugin sehr überrascht, da man ihr das in Polen weder gesagt noch angedeutet hatte. In Polen war sie noch nicht der Prostitution nachgegangen.« Wie überrascht Jolanta M. tatsächlich war, weiß wohl nur sie selbst – doch hätte sie in Lodz genug Geld verdient, wäre sie wohl nie bis zu dem Luden nach Lichterfelde gelangt. »Nach einiger Überlegung«, so heißt es weiter, »entschloß sie sich jedoch, in dem Bordell zu bleiben und dort zu arbeiten. Dies tat sie aufgrund der guten Verdienstmöglichkeiten und der Tatsache, daß sie ja noch 400,– DM Vermittlungsgebühr bezahlen mußte.« Laut Ermittlungsakten betonte Jolanta M. bei der Polizei, daß »während ihrer Entscheidungsfindung in keiner Weise körperlich oder seelisch Druck auf sie ausgeübt« worden sei.

Nachdem sie sich allerdings zum Bleiben entschlossen hatte, wurde der Ton rauher: »Wenn ihr nicht gehorcht, schmeiß ich euch alle raus«, brüllte Sadettin T. die Frauen immer wieder an und schrieb ihnen vor, sich an jedem Tag der Woche mindestens neun Stunden in der zum Sex-Club umgebauten Wohnung bereitzuhalten. Nur wenn sie ihre Periode hatten, durften sie freinehmen. »Da alle auf das Geld angewiesen waren, haben sie sich gefügt«, heißt es lapidar in der Anklageschrift gegen den Bordellchef.

Zwar hatte auch die 22jährige Polin von den üblichen 70 Mark Freierlohn – Stammgäste zahlten in dem Bordell zehn Mark weniger – jeweils die Hälfte abzugeben, doch blieb ihr schon bei fünf Männern pro Nacht fast genausoviel wie nach einem Monat in der Fabrik in Lodz.

Jolanta M. hatte Glück, denn sie war in ein Bordell geraten, in dem trotz der nicht immer freundlichen Atmosphäre recht faire Arbeitsbedingungen herrschten.

Geradezu grotesk wird das Mißverhältnis zwischen dem Einkommen zu Hause und den Verdienstmöglichkeiten auf dem deutschen Strich für Frauen aus der GUS: Als eine ukrainische Verkäuferin, die in ihrer Heimatstadt Ivano-Frankovsk umgerechnet gerade acht Mark im Monat verdiente, von der Polizei in einem Frankfurter Bordell aufgegriffen wurde, hatte sie nach zwei Monaten bereits fast 9000 Mark auf die Seite gelegt.[16]

Bordell-Preisliste	
Angebot	Preis
Französisch / Verkehr (20 Min.)	70 DM (Stammgäste 60 DM)
Französisch / Verkehr (30 Min.)	100 DM
Erotische Massage ohne Verkehr (30 Min.)	80 DM
Erotische Massage mit Verkehr (30 Min.)	100 DM
Leichte Sado/Maso-Spiele (nur deutsche Prostituierte)	nach Absprache (ab 100 DM)
Analverkehr (nur poln. Prostituierte)	150 DM
Natursekt u. ä. (nur deutsche Prostituierte)	nach Absprache (ab 150 DM)

Quelle: StA Berlin

Am Tag vor ihrem Rückflug – ihr zunächst beschlagnahmtes Geld hatte sie gerade von der Polizei zurückbekommen – ging die 22jährige in der Mainmetropole noch mal richtig auf Shopping-Tour. Am Check-in-Schalter stellte sie schließlich »24 Plastiktüten Übergepäck« aufs Band, wie sich Kripo-Mann Bernhard Kowalski erinnert. »Sie ist als ›gemachte Frau‹ nach Hause zurückgekehrt«, vermutet der Beamte. »Es ist doch klar, daß dann auch andere kommen.«

Die Polizei steht in solchen Situationen vor einem Dilemma: »Zum einen«, so Kowalski, »wollen wir den Frauen ihr schwer verdientes Geld nicht abnehmen, doch zugleich soll kein Anreiz für andere geschaffen werden.« Der Kripo-Mann bezweifelt, daß Frauen wie die junge Ukrainerin in ihrer Heimat wirklich offen über die Arbeitsbedingungen in Deutschland reden: »In welchem Loch sie die beiden Monate hausen mußte, wird sie wohl nicht jedem erzählen.«

Andererseits wird selbst eine ehrliche Schilderung der Wohnverhältnisse im Bordell auf viele Frauen im ehemaligen Ostblock nicht unbedingt abschreckend wirken. Viele von ihnen sind in den berüchtigten »Kommunalwohnungen« aufgewachsen – ehemals großzügige Altbauwohnungen, die unter mehrere meist per Zufall ausgewählten Familien aufgeteilt werden. Jede Mietpartei erhält ein Zimmer, das sie mit Kind und Kegel bewohnt; Küche, Bad und Toilette müssen von allen gemeinsam benutzt werden. Wer an solche nervenaufreibenden Wohnverhältnisse gewöhnt ist, wird sich bei Verdienstaussichten von mehreren tausend Mark kaum von den etwas beengten Räumlichkeiten in einem deutschen Bordell abschrecken lassen.

».. . übte gerade den Oralverkehr aus«

Müssen sie keine Schlepperschulden abzahlen, verdienen manche Frauen hier in ein paar Wochen soviel wie zu Hause in Jahren nicht. Die Anschrift eines Bordells oder Sex-Clubs genügt, um sich auf den Weg nach Westen zu machen. »Ich habe die Adresse von einer Freundin erfahren«, berichtete etwa die 24jährige Slawa M. aus dem grenznahen Gorzów Wielkopolski (Landsberg an der Warthe), nachdem sie in einem Berliner Apartment »in milieutypischer Kleidung« – so das Polizeiprotokoll – aufgegriffen wurde. Ihre Bekannte hatte in demselben Bordell zwei Monate lang gearbeitet, war mit rund 4500 Mark nach Polen zurückgekehrt und hatte Slawa von ihren Erfahrungen erzählt. Einige Wochen später löste die 24jährige Blondine ebenfalls ein Zugticket nach Berlin, fuhr nach ihrer Ankunft vom Bahnhof Lichtenberg mit der S-Bahn zu dem Bordell nach Charlottenburg – »meine Freundin hatte mir die Linien aufgeschrieben« – und stellte sich bei dem Betreiber vor. »Wenn es Probleme gegeben hätte, wäre ich ja schon am selben Abend wieder zu Hause gewesen.«

Slawa akzeptierte die Geschäftsbedingungen: Von 70 Mark pro »Nummer« war jeweils die Hälfte an den Chef abzugeben; zusätzlich mußten pro Arbeitstag 40 Mark für Unterkunft, Reinigung und Anzeigen in Sex-Magazinen und Boulevardzeitungen gezahlt werden. Slawas Aufenthalt in Berlin währte allerdings nicht lange, denn wenige Tage nach ihrer Ankunft wurde das Bordell von der Polizei überprüft. Als die Beamten kamen, saß die 21jährige Polin gerade in der Küche – zu ihrem Glück, denn der Bericht, den die beiden Ordnungshüter später über ihren Besuch im Bordell anfertigten, läßt auf eine für alle Beteiligten eher unangenehme Situation schließen: »In einem Zimmer, das zur Durchführung des Geschlechtsverkehrs eingerichtet war, übte die Polin Renata S. mit dem Zeugen G. gerade den Oralverkehr aus.«

Zwar blieb es Slawa erspart, in einer Situation dieser Art angetroffen zu werden, doch wurde auch sie laut Polizeiprotokoll »vorläufig festgenommen und für das Landeseinwohneramt zur Vorbereitung der Ausweisung eingeliefert.« Anders als für ihre Freundin, die immerhin mit mehreren tausend Mark nach Gorzów zurückgekehrt war, erwies sich für Slawa M. die Reise nach Deutschland als wenig gewinnbringend.

Um Polizeikontrollen zu umgehen, arbeiten mittlerweile immer mehr osteuropäische Frauen als Callgirls in Deutschland. Über die Strukturen dieses Gewerbezweiges ist kaum etwas bekannt – außer der Tatsache, daß er in den vergangenen Jahren sprunghaft zugenommen hat. Boulevardblätter in allen deutschen Großstädten veröffentlichen täglich mehrere Dutzend Anzeigen, in denen vorwiegend russische und polnische Frauen Haus- und Hotelbesuche anbieten. Ihr Aufenthaltsort kann auch von der Polizei nur mühsam ermittelt werden, da in den meisten Anzeigen nur eine Funktelefonnummer angegeben ist: »Tabulose Modelle aus Moskau besuchen in Haus und Hotel, mit Zeit, Funktel.: . . .« Umgerechnet auf die Zahl der Annoncen, arbeiten allein in Berlin mindestens 100 Frauen aus Mittel- und Osteuropa als Callgirls; wahrscheinlich liegt ihre Zahl noch deutlich höher. Nach Einschätzung der Polizei dürfen die Mädchen bei einem Preis von 100 Mark pro einstündigem Besuch – einmal Verkehr und Französisch inklusive – im Durchschnitt 30 Mark für sich selbst behalten.

Marlboro und Mercedes

Die Ausgangssituation der Frauen im ehemaligen Ostblock ist oft ähnlich: Mit wenig Geld, oft gelangweilt und mit vagen Berufsperspektiven, leben sie in Ländern, die noch immer mit der schweren Umstellungskrise von Plan- auf Marktwirtschaft zu kämpfen haben. Werden unproduktive Betriebe und Kombinate geschlossen oder privatisiert, stehen Frauen meist als erste auf der Straße. Nach einer großangelegten UNICEF-Studie über alle Reformländer des ehemaligen Ostblocks sind zudem gerade die 16- bis 24jährigen von der Arbeitslosigkeit besonders betroffen – just jene Altersgruppe, für die es sich im Zweifelsfall am ehesten anbietet, mit Sex Geld zu verdienen.

Hinzu kommt ein tiefgreifender Wandel in den zwischenmenschlichen Beziehungen: In nahezu allen mittel- und osteuropäischen Ländern ist laut UNICEF die Zahl der Eheschließungen seit 1989/90 drastisch zurückgegangen: um bis zu 40 Prozent in Ungarn, Bulgarien und Rumänien, um rund 30 Prozent in Polen, Tschechien, Rußland und der Slowakei.[18] War es ein typisches Merkmal sozialistischer Gesellschaften, daß die Lebenswege weitgehend vorgezeichnet waren, so haben sich die Perspektiven seit Anfang der 90er Jahre gerade für junge Menschen außerordentlich verwirrt. Sichere Arbeit, frühe Ehe, bald Kinder – diese in mehr als vier Jahrzehnten gewachsenen Werte und Ziele haben viel von ihrer Bedeutung verloren, nachdem die Marktwirtschaft auch in Mittel- und Osteuropa Einzug gehalten hat. Auch herrscht bei vielen jungen Menschen ein tiefes Mißtrauen gegen die Wert- und Moralvorstellungen ihrer Eltern, die sich jahrzehntelang einem totalitären System anpassen mußten.

Vor allem übers Fernsehen dringen die Verheißungen der westlichen Wohlstandskultur noch in jedes heruntergekommene Plattenbaughetto am Stadtrand von Kiew oder ins abgelegenste Bergdorf der Karpaten. Levis-Jeans und Michael Jackson, Marlboro und Mercedes kennt jeder Teen und Twen zwischen Skopje und St. Petersburg.

Seit die ehemaligen Binnenwährungen zumindest innerhalb der Länder frei gegen Devisen getauscht werden können, quellen die Geschäfte über von westlichen Waren. Früher hatte jeder Geld, doch es gab nichts zu kaufen; heute gibt es fast alles zu kaufen, doch nur wenige haben genug Geld, um ihre Konsumwünsche zu befriedigen. Wirklich bittere Armut ist – von einigen Nachfolgestaaten der Sowjetunion und vielleicht Rumänien abgesehen – in den meisten Reformstaaten Ost- und Mitteleuropas keineswegs ein Massenschicksal, doch die Ansprüche und Erwartungen der Menschen sind in den vergangenen Jahren enorm gestiegen – und die Umstellungskrise der Wirtschaft zieht sich länger hin, als von fast allen erwartet.

Kommt nun ein mehr oder weniger charmanter Schlepper und bietet einer jungen Frau die Chance, der tristen Wirklichkeit eine Zeitlang zu entfliehen und dabei auch noch Geld zu verdienen, trifft er meist auf wenig Widerstand. »Die Aussicht auf harte Devisen vernebelt den Mädchen die Sinne«, sagt Petr Vosolsobe, Vizepolizeichef von Prag. Und auch BKA-Experte Willi Fundermann wundert sich, mit »welch unwahrscheinlicher Blauäugigkeit« viele Frauen zwischen Oder, Don und Donau auf die zwielichtigen Angebote hereinfallen. Wenn neben Abwechslung und Abenteuer auch noch ein wenig Wohlstand winkt, werden Zweifel und Skrupel rasch beiseite geschoben.

»Einfach mal rauskommen und ein bißchen Geld verdienen« wollte etwa die 19jährige Schönheitskönigin von Slupsk (Stolp) im polnischen Hinterpommern. Dies jedenfalls antwortete sie Oberstaatsanwalt Bernhard Brocher auf die Frage, warum sie sich mit höchst vagen Versprechungen in ein Berliner Billigbordell hatte locken lassen. »Ihre Unbedarftheit«, erinnert sich Brocher, »war schon erstaunlich«.

IX. Der Mädchenmarkt

Wie im Milieu üblich, haben vor allem Frauen, die über Schlepper nach Deutschland kommen, zunächst einen riesigen Schuldenberg angehäuft, bevor sie in Deutschland den ersten Mann bedienen. Über die Grenze werden sie oft von gewieften Menschenhändlern gebracht, die nach allen Regeln professioneller Logistik arbeiten. »Die meisten Prostituierten aus Asien und dem ehemaligen Ostblock sind zwar mit ihrem Verdienst in Deutschland ganz zufrieden, beklagen sich jedoch über die hohen Summen, die sie vorher abarbeiten müssen«, sagt Friedhelm Enners, stellvertretender Vorsitzender des Verbandes der Berliner Strafverteidiger. »10 000 bis 12 000 Mark sind an der Tagesordnung.« Das Bundeskriminalamt weiß von Fällen, in denen Frauen für eine Reise nach Deutschland und die anschließende Vermittlung an ein Bordell bis zu 20 000 Mark bezahlen mußten.[1]

230 Freier – und keinen Pfennig verdient

Die aus Bulgarien stammende Türkin Hüsniye Y. (23) kam noch vergleichsweise billig weg, denn als sie im Sommer 1993 schließlich in einem Hamburger Sex-Club landete, mußte sie nur rund 5500 Mark abarbeiten. Geboren in der Kleinstadt Zlatograd hoch oben in den bulgarischen Bergen, gehörte sie zur türkischen Minderheit der damals noch sozialistischen Slawenrepublik und war im August 1989 ins moslemische Mutterland übergesiedelt. Jahrzehntelang hatte die Regierung in Ankara über das Schicksal der Türkischstämmigen im einst osmanischen Bulgarien geklagt – doch als sie im

Sommer des so bewegten Jahres 1989 tatsächlich zu Hunderttausenden kamen, brach bei den Behörden die schiere Panik aus.

In Istanbul geriet die entwurzelte Hüsniye rasch in die Fänge eines Zuhälterclans, der die damals 20jährige in den Bordellen der Millionenstadt am Bosporus arbeiten ließ. Doch auch die junge Frau aus Zlatograd hatte schon das Zauberwort Deutschland gehört – jenem offenbar unermeßlich reichen Land irgendwo hoch im Norden, wo die schnellen, schicken Autos ihrer Chefs gebaut wurden und es auch für Huren harte D-Mark zu verdienen gab. Für 2000 Mark löste sie der in Norddeutschland lebende Murat A. bei ihren Zuhältern aus und besorgte ihr für weitere 1000 Mark ein Flugticket nach Prag. Natürlich konnte Hüsniye nur einen kleinen Teil der Summe selbst bezahlen, so daß sie schon vor der Reise nach Deutschland rund 2500 Mark Schulden hatte. Aus der tschechischen Hauptstadt, wo sie vermutlich ein Bekannter von Murat A. in Empfang nahm, gelangte Hüsniye schließlich auf unbekannten Wegen – entweder legal als Touristin oder illegal über die grüne Grenze – nach Hamburg, wo sie in einen Sex-Club im Stadtteil Wandsbek gebracht wurde.

Auch bei Türken in Deutschland sind Frauen wie Hüsniye sehr beliebt: Weil sie aus Bulgarien stammen, gelten sie als Frauen »zweiter Klasse«, die dennoch die eigene Sprache sprechen. Läßt man sich als türkischer Freier mit ihnen ein, muß niemand fürchten, »die Ehre einer Frau aus dem eigenen Land zu beschmutzen«, wie der Berliner Rechtsanwalt Enners sagt.

Vermutlich 3000 Mark zahlte der Betreiber des Bordells an Murat A. und seinen Komplizen für die Anlieferung der Frau – eine Summe, die Hüsniye natürlich ebenso abarbeiten mußte wie die rund 2500 Mark, mit denen sie sich bei ihren beiden Schleppern verschuldet hatte. Denn anders als etwa Fußballer müssen Prostituierte – ob Deutsche oder Ausländerinnen spielt keine Rolle – ihre »Ablösesummen« vom eigenen Verdienst bezahlen. Auch bei Frauen aus Osteuropa, Asien oder anderswo bekommen die Zuhälter über die Schulden ein Druckmittel in die Hand, das bei Problemen jederzeit eingesetzt werden kann. In dem Hamburger Bordell bezahlten die Freier für 20 Minuten Sex 70 Mark, von denen Hüsniye jeweils 30 Mark selbst behalten durfte – doch erst einmal nur, um davon ihre

Schulden zu begleichen. Mehr als 180 Männer mußte die inzwischen 23jährige bedienen, bevor sie nach sechs Wochen – fünf »Nummern« machte sie im Durchschnitt pro Nacht – endlich die 5500 Mark abgearbeitet hatte. Doch die Freude darüber, daß es nun endlich ans Geldverdienen ging, währte für Hüsniye nicht lange: Für Miete und Essen hatte ihr Hamburger Zuhälter mittlerweile schon wieder fast 1500 Mark neue Schulden berechnet. Für dieses Geld durfte Hüsniye zusammen mit zwei Thailänderinnen in einem kleinen Nebenzimmer des Bordells hausen und bekam vor allem Pommes Frites, Pizzas oder Hamburger zu essen. Eigene Einkäufe oder Erkundungen in der Elbmetropole wären allein schon an ihren mangelhaften Sprachkenntnissen gescheitert, denn über die Ausdrücke »Zimmer frei« und »siebzig Mark« ging ihr deutscher Wortschatz kaum hinaus.

Nach zwei Monaten hatten alle an der jungen Frau verdient: ihre Zuhälter in Istanbul, die beiden Schlepper und natürlich auch der Bordellbetreiber in Hamburg – nur sie selbst steckte ständig in Schulden und konnte auch nach mehr als 230 Freiern noch keine müde Mark wirklich ihr eigen nennen. Doch wohin hätte Hüsniye sich wenden sollen, fremd in Deutschland und ohne Heimat anderswo?

Der Menschenhandel boomt

Auch wenn Polizeiexperten wie Klaus-Jürgen Timm, Direktor des Hessischen Landeskriminalamts, schon seit langem vor einer »netzartigen Überziehung Deutschlands durch organisierte Menschenhändler« warnen,[2] ist die deutsche Justiz gegen dieses Delikt meist machtlos. Zwar hat der Bundestag im Juli 1992 den entsprechenden Paragraphen verschärft und die Höchststrafe auf zehn Jahre heraufgesetzt, doch werden zumindest gegen ausländische Verdächtige – die meisten stammen aus der Türkei, Exjugoslawien, Polen, Tschechien und Bulgarien – rund 90 Prozent aller Ermittlungsverfahren schon vor einem Prozeß eingestellt.[3] Wie in allen Bereichen der Prostitution gibt es auch über die wahre Dimension des Menschenhandels nur Schätzungen. Es erscheint jedoch als durchaus möglich, daß allein 1993 fast 55 000 ausländische Frauen als Prostituierte nach Deutschland geschleust wurden.[4] Obwohl der Menschenhandel gerade mit osteuropäischen Frauen boomt, wurden im Jahr zuvor an deutschen Gerichten ganze 63 Anklagen wegen dieses Delikts erhoben.

Kaum eine ausländische Hure wendet sich freiwillig an die Polizei, denn schließlich hat sie sich wegen »unerlaubter Erwerbstätigkeit« selbst strafbar gemacht. »Wenn du nicht gehorchst, melde ich dich dem Ausländeramt« – diese Drohung eines Zuhälters verfängt bei jeder Frau, die offiziell als Touristin nach Deutschland gekommen ist und nun als Prostituierte arbeitet. Fast immer stammen die Frauen aus denselben Ländern wie ihre Schlepper, und auch die Bordellbetreiber haben oft einen Mitarbeiter, der die Sprache der Prostituierten spricht. Selbst wenn sie zunächst mit vagen oder gar falschen Versprechungen in einen deutschen Puff gelockt wurden, finden sich schließlich viele Frauen mit ihrer Lage ab, »um nicht in die ärmlichen Lebensverhältnisse ihres jeweiligen Heimatlandes zurückkehren zu müssen«, wie es Staatssekretärin Cornelia Yzer formuliert.[5]

Die Polizei ist im Milieu fast ausschließlich auf ihre eigenen Kontrollen angewiesen. Doch selbst wenn ein illegales Bordell auffliegt, können die Betreiber oft nicht verurteilt werden. Die Frauen machen entweder überhaupt keine belastenden Aussagen oder ziehen sie später wieder zurück. Selbst wenn sie einen Großteil ihres Verdienstes an Schlepper und Zuhälter abgeben mußten, haben sie selten Interesse an der Bestrafung ihrer Bosse. »Die meisten sind froh, wenn sie mit dem Geld, das sie trotzdem verdient haben, wieder nach Hause können«, weiß Rechtsanwalt Enners. Häufiges Ergebnis einer großangelegten Rotlichtrazzia: Die Luden und Schlepper werden aus dem Gefängnis entlassen, verzichten im Gegenzug auf eine Haftentschädigung und werden in ihre Heimat abgeschoben.

Kommt es dennoch zu einem Prozeß, werden die Angeklagten häufig freigesprochen. »Wenn es nur nach dem Gefühl ginge, hätten wir die beiden verurteilen müssen«, sagte etwa der Vorsitzende Richter einer Ulmer Strafkammer, vor der sich zwei mutmaßliche Menschenhändler verantworten mußten. »Da jedoch bekanntlich die Vermutung eines Richters für eine Bestrafung nicht ausreicht, konnten wir die Angeklagten nur freisprechen.«

Meist nur wenn Frauen offenkundig verschleppt oder vergewaltigt wurden, müssen die Täter für längere Zeit ins Gefängnis – wie etwa im Fall der jungen Bulgarin Ivelina A.: Um mit ihrem Zuhälter eine offene Rechnung zu begleichen, entführten fünf Bulgaren die 18jährige am 11. Mai 1992 aus einem illegalen Sex-Club im brandenburgischen Luckau, vergewaltigten sie stundenlang in einem Waldstück und sperrten sie anschließend mehrere Tage in einer Wohnung ein. Erst als ihr Zuhälter, von dem die Männer 30 000 Mark Lösegeld forderten, schließlich die Polizei einschaltete, befreite ein Sonderkommando die junge Bulgarin nach mehr als 48 Stunden von ihrem Martyrium.[6]

Auf sichtbare Verletzungen angesprochen, erklären ausländische – wie auch viele deutsche – Prostituierte dies immer wieder mit angeblichen Unfällen. »Viele Mädchen haben herausgeschlagene Zähne und erzählen, daß sie die Treppe heruntergefallen sind«, weiß Francine Meert von der Hilfsorganisation »Le Nid«, die in Brüssel osteuropäische Prostituierte betreut. »Aber es gibt so viele davon, daß dieser Wirtschaftszweig entweder über die schlechtesten Treppen der Welt verfügt – oder die Frauen regelmäßig mißhandelt werden.«[7]

Als besonders brutal gelten Russen, Ukrainer, Georgier und auch die Tschetschenen aus dem Kaukasus. Doch auch unter Zuhältern aus der Türkei und dem ehemaligen Jugoslawien ist die Gewaltbereitschaft oft »extrem groß«, wie eine Studie des Bundeskriminalamts feststellt.[8] In Frankfurt kam es Ende der 80er Jahre zu blutigen Auseinandersetzungen zwischen deutschen Milieugrößen und jugoslawischen »Eindringlingen«, die neben der Prostitution auch im Rauschgifthandel aktiv waren und zahlreiche »Hütchenspieler« kontrollierten. Obwohl die deutschen Luden zunächst heftigen Widerstand leisteten, konnte sich die Konkurrenz vom Balkan schließlich fest im Bahnhofsviertel etablieren.

Während sich deutsche Zuhälter meist nur lose organisieren und zu bestimmten illegalen Geschäften festgelegte Aufgaben verteilen, herrscht unter den ausländischen Gruppen häufig eine ausgeprägte Hierarchie. Die Mitglieder einer Gruppe stammen meist aus demselben Heimatort und gehören oft sogar zum gleichen Familienclan. Für deutsche Ermittler ist es nahezu unmöglich, in diese Gruppen

einzudringen, zumal die kriminellen Aktivitäten stets »durch ein
strenges Befehls- und Gehorsamssystem« abgesichert werden, wie
es in einem BKA-Bericht heißt.[9]

Mädchen gegen Autos

Autos, Drogen, Waffen, Mädchen – die Ware Frau ist für viele der
professionell organisierten Verbrecherkartelle nur Teil eines umfas-
senden und höchst profitablen Ost-Westgeschäfts. Besonders lukrativ
für die postkommunistischen Kriminellen: der Tauschhandel mit gestohlenen Nobelkarossen. »Die Banden bringen Frauen für die Bordelle und holen dafür im Gegenzug gestohlene Autos ab«, berichtet
der Frankfurter Kriminalbeamte Peter Walter über seine Erfahrungen
mit Verbrechersyndikaten aus dem ehemaligen Ostblock.[10] Auch sein
Kollege Jürgen Albrecht vom Landeskriminalamt Brandenburg sieht
»einen direkten Draht vom Auto- zum Mädchenhandel«[11].

Wie beim Prostituiertenimport hat sich seit dem Fall des Eisernen
Vorhangs auch beim illegalen Autoexport das Geschäft immer mehr
nach Osteuropa verlagert. Führten die Hauptrouten früher beim
Frauenhandel in den Fernen und bei der Autoschieberei in den Nahen Osten, so bekommen diese Regionen zunehmende Konkurrenz
von den ehemals sozialistischen Ländern.

Als eine der Schlüsselfiguren galt lange Niko S. aus Warschau,
den sie im Milieu »Twarz kamienna«, das »Steinerne Gesicht« nennen. Die polnische Polizei hält ihn für den Chef eines internationalen, 300 Mann starken Verbrecherrings, der zwischen der Weichsel
und Westeuropa kriminelle Kompensationsgeschäfte aller Art betreibt: Autos gegen Frauen, Waffen gegen Drogen, Zigaretten gegen
Falschgeld. Während die wahren Dimensionen der Rotlichtkrimina-
lität meist nur geschätzt werden können, liegen beim Autoklau weitgehend verläßliche Zahlen vor. Nachdem es bereits 1991 mit über
84 000 Diebstahlsanzeigen einen Zuwachs von 45 Prozent gegenüber
dem Vorjahr gab, lag das Plus 1992 sogar bei über 50 Prozent:
131 329 Wagen tauchten in der Kriminalstatistik auf. 1993 stieg die
Zahl nochmals um 13 000 Autos auf über 144 000. Als die Besitzer

KFZ-Diebstähle in Deutschland	
Jahr	Anzahl
1990	60 000
1991	87 000
1992	131 000
1993	144 000

Quelle: BKA

bei der Polizei Anzeige erstatteten, war ihr fahrbarer Untersatz oft schon auf Nimmerwiedersehen in Richtung Osten verschwunden. Nach Schätzung von Experten geht jeder zweite Autodiebstahl in Deutschland auf das Konto von international operierenden Banden, die nach den Grundsätzen moderner Arbeitsteilung vorgehen.[12]

Wegen der Nähe zu den Ostgrenzen ist Berlin mittlerweile eine der wichtigsten Drehscheiben für die organisierte Kriminalität. Die Zunahme der Autodiebstähle liegt hier seit dem Fall der Mauer noch weit über dem bundesdeutschen Durchschnitt.

Nach den Erkenntnissen der Berliner Polizei wurden viele der in Berlin gestohlenen Autos zunächst ins rund 220 Kilometer entfernte Teplice gebracht. Die 55 000-Einwohner-Stadt nahe der deutschen Grenze hat nicht nur den längsten Straßenstrich Europas, sondern entwickelte sich in den vergangenen Jahren neben den Metropolen

KFZ-Diebstähle in Berlin	
Insgesamt	
1988:	4 200
1992:	27 100
Hochwertige Wagen	
1988:	384
1992:	2 082

Quelle: Polizei Berlin

Prag und Budapest auch zu einem der wichtigsten Umschlagplätze für Auto- und Waffenhandel in Mitteleuropa. »Der Ort ist eine Zwischenstation«, weiß Andreas Pahl, Chef des Referats für Organisierte Kriminalität bei der Berliner Polizei. »Von Teplice werden die gestohlenen Wagen nach Polen oder noch weiter in die GUS verkauft.« Auch Rudolf Netzelmann von der Weltgesundheitsorganisation hat festgestellt, daß für viele Zuhälter im nordböhmischen Grenzgebiet die Prostitution »nur noch ein Nebengeschäft« ist und Auto-, Drogen- und Waffenhandel immer wichtiger werden.

Mit einem besonders dreisten Trick schmuggelte eine Autoschieberbande im März 1992 drei hochwertige Mercedes von Deutschland über Teplice nach Bulgarien: Am Grenzübergang Zinnwald behauptete der elegant gekleidete Schieberboß, daß sich in dem beeindruckenden Konvoi »ein Senator aus Berlin auf dem Weg zu einer internationalen Konferenz nach Ungarn« befinde. Die drei Nobelkarossen konnten den Kontrollpunkt tatsächlich ungehindert passieren. Innerhalb von drei Jahren hatte die Gruppe Luxuslimousinen im Wert von über vier Millionen Mark von Deutschland in den ehemaligen Ostblock verschoben.[13]

Vor einer Berliner Strafkammer mußten sich im Herbst 1993 vier Mitglieder einer deutsch-mazedonischen Bande verantworten, die in wenigen Wochen Mietwagen im Wert von mehr als 800 000 Mark zuerst nach Teplice und später mit Hilfe ihrer dortigen Komplizen an die tschechisch-polnische Grenze verschoben hatten. »Nach Teplice sind wir schon zu DDR-Zeiten immer gefahren, um dort Spaß mit den Mädchen zu haben«, erzählte der aus Dresden stammende Hauptangeklagte freimütig den Richtern – und ließ durchblicken, daß er sich dort in der Vergangenheit auch »als eine Art Zuhälter« betätigt hatte.

Noch eindeutiger war der Fall des ebenfalls aus Mazedonien stammenden Milan S. (29), der regelmäßig zwischen Teplice und Deutschland hin und her pendelte und ebenfalls in Autoschiebereien verwickelt war: Ein Sonderkommando der Polizei verhaftete ihn nach Mitternacht im Sex-Club »Fledermaus« bei Halberstadt, wo neun junge Tschechinnen »als Sklavinnen gehalten wurden«, wie Soko-Kommissar Burkhard Hocke von der Landespolizei Sachsen-

Anhalt nach dem Einsatz in der weißen Jugenstilvilla berichtete.[14] »Schlepper hatten sie für jeweils 2000 bis 3000 Mark an den Sex-Club verkauft.« Im Jackett von Milan S. fand die Polizei eine 9-Millimeter-Pistole.

Fast überall in Mittel- und Osteuropa begünstigt eine unheilige Allianz von neureicher Mafia und unterbezahlten Staatsdienern die Geschäfte. Als etwa in Polen – wo meist schon Verkehrssündern ein 20-Mark-Schein als Schmiergeld weiterhilft – einer der meistgesuchten Menschenhändler verhaftet werden sollte, verließen die eingesetzten Polizisten seine Hotelsuite mit zwei Jahresgehältern in der Tasche. »Nicht angetroffen« schrieben sie später über den wohlmeinenden Spender in ihren Einsatzbericht.[15]

Allein in der Tschechischen Republik wurden 1993 rund 250 Polizisten als bezahlte Helfershelfer des organisierten Verbrechens entlarvt.[16] Die Behörden registrierten insgesamt 376 Straftaten der staatlichen Ordnungshüter, wobei die Dunkelziffer nicht nur an Elbe und Moldau um ein Vielfaches höher liegen dürfte. Zu den häufigsten Delikten, die bekannt wurden, gehörten Amtsmißbrauch, die Annahme von Schmiergeldern und Erpressung.[17] Besonders kraß der Fall eines Gefängnisdirektors aus dem mährischen Brünn: Er saß schließlich selbst hinter Gittern, weil er junge Frauen aus seiner Haftanstalt für jeweils 1000 Mark an Zuhälter aus Holland verkauft hatte.[18]

Die Russen kommen

In Rußland und den übrigen Staaten der ehemaligen Sowjetunion mischen auch ehemalige KGB-Offiziere bei der grenzüberschreitenden Kriminalität kräftig mit. »Die kennen unsere Arbeitsmethoden und verkaufen ihr Wissen an die Verbrecher«, sagt László Tonhauser, Chef einer Antimafiatruppe bei der ungarischen Polizei.[19] Budapest gilt als Einfallstor für die russische Mafia nach Westeuropa. Rund um den Mátyás-Platz im VIII. Bezirk entstand seit Ende der 80er Jahre das Rotlichtviertel der magyarischen Hauptstadt. Viele der Nutten auf dem Straßenstrich oder in den schummrigen Bars des Viertels stammen aus der ehemaligen Sowjetunion und werden von Zuhältern aus ihren Heimatländern kontrolliert. Von Budapest aus bauen die Rotlichtgrößen ihre Verbindungen nach Westeuropa auf – die Staatsgrenzen sind schließlich seit 1989 kein ernstzunehmendes Hindernis mehr.

Auch der Bordellchef Gabor Bartos (55), der am 15. August 1994 gemeinsam mit seiner Ehefrau Ingrid und vier russischen Prostituierten in seinem Luxusclub im Frankfurter Westend ermordet wurde, stammte aus Ungarn und flog mit seinem Privatjet regelmäßig nach Budapest. Er pflegte dort intensive Kontakte zu einem Russen mit dem Decknamen »Szeva«, den die ungarische Polizei für eine der Schlüsselfiguren im organisierten Verbrechen hält. »Szeva handelt im großen Stil mit Drogen, Waffen und Mädchen«, berichtet ein Ermittler über Verbindungen des Russen nach Deutschland.

In allen mittel- und osteuropäischen Ländern haben sich nach dem Kollaps des Sozialismus mafiaähnliche Strukturen etabliert. Doch nirgendwo sonst hat das Problem eine solche Dimension angenommen wie in der ehemaligen Sowjetunion: Nach Polizeischätzungen kontrolliert oder beeinflußt die russische Unterwelt rund 80 Prozent aller Wirtschaftsunternehmen. Die Firmen werden gezwungen, bis zu einem Drittel ihrer Einnahmen als Schutzgelder an Erpresser abzugeben. Fast 6000 gut organisierte Banden treiben nach Schätzungen der Polizei zwischen Kaliningrad (Königsberg) und Wladiwostok im noch immer größten Land der Erde ihr Unwesen.[20] Sie stützen sich auf sogenannte »Bojewiki« – ehemalige Mitarbeiter von Armee und KGB, die für harte Dollars jeden Auftrag ausführen. FBI-Chef Louis Freeh schätzt, daß die Zahl der Killer in Moskau »zehnmal höher als bei der Cosa Nostra in den USA« ist.[21]

Allein in der Moskauer Region wurden im ersten Halbjahr 1994 fast 190 Geschäftsleute umgebracht.[22] Seit dem Ende der Sowjetunion verzeichnet Rußlands Kriminalstatistik jedes Jahr einen Zuwachs von über 30 Prozent, wobei Delikte wie Mord, Sprengstoffattentate oder illegaler Schußwaffengebrauch prozentual am stärksten zunehmen. Und jede zweite Nobelkarosse, die über Moskaus Straßen rollt, wurde nach Schätzungen von Interpol im Ausland gestohlen.

Der russische Generalmajor Anatolij Olejnikow berichtete dem BKA in Wiesbaden, daß bereits rund 300 Mafiaclans aus der ehemaligen Sowjetunion in der Bundesrepublik aktiv sind.[23] Die Gesamtzahl der kriminellen Vereinigungen, die vom Gebiet der GUS ins attraktive Auslandsgeschäft drängen, wird von Experten auf das Zehnfache geschätzt. Das extreme Wohlstands- und Währungsgefälle gerade zwischen Rußland und Westeuropa läßt die Gewinnspannen der »Taigakartelle« ins Unermeßliche steigen. In vielen deutschen Städten streiten sich Mafiosi von der Moskwa mittlerweile um den Rotlichtmarkt mit Kollegen aus anderen ehemaligen Ostblockstaaten – wobei die Kämpfe oft noch brutaler ausgetragen werden als unter deutschen Zuhältern.

Blankoeinladungen en gros

Frauen aus der ehemaligen Sowjetunion, die an deutsche Bordelle verkauft werden, brauchen zunächst ein Touristenvisum, um in die Bundesrepublik einreisen zu können. Schriftliche Einladungen von deutschen Firmen und Familien werden in Rußland »blanko gehandelt und verkauft«, wie Gero Steidel vom Landeskriminalamt Brandenburg weiß. Für die Vermittlung eines Visums werden den Frauen Beträge bis zu 2000 Mark in Rechnung gestellt, die dann in Deutschland mit Sex abgearbeitet werden müssen. Die Einladungen stammen häufig von Exilrussen, die mittlerweile die deutsche Staatsbürgerschaft besitzen.

Auch die 29jährige Moskauerin Lena Wassilina, die drei Monate in einem Sex-Club bei Hannover arbeitete, hatte ihr Visum über einen in Deutschland lebenden Exilrussen mit deutschem Paß erhalten. Der Mann namens Wadim arbeitet nach Lenas Angaben mit mehreren Russen zusammen, »die für ihn in Fabriken gehen und schauen, wer gut aussieht. Die versprechen den Mädels dann das große Geld in Deutschland.«[24] Lena verdiente während der drei Monate in dem Sex-Club bei Hannover rund 10 000 Mark, von denen sie 2000 Mark direkt an Wadim zahlen mußte und weitere 3000 Mark für Essen und Unterkunft ausgab. »5000 Mark habe ich mit nach Moskau genommen. In meinem Beruf als Buchhalterin hätte ich in dieser Zeit rund 500 Mark verdient.«[25]

Eine Freundin von Lena hatte weniger Glück: Sie geriet in ein Bordell bei Osnabrück, wo sie geschlagen, eingesperrt und unter Drogen gesetzt wurde, »damit sie durchhalten konnte. Sie hatte bis zu 50 Freier am Tag.« Trotz solcher Erfahrungen hält Lena das Gewerbe in Deutschland »im allgemeinen für ziviler«, denn die Freier seien netter als in Moskau: »Am liebsten würde ich einen deutschen Ehemann finden.«

Völlig unbedarft war hingegen die 20jährige Krystyna aus dem litauischen Vilnius, als sie in ihrer Heimatstadt von zwei Frauen auf der Straße angesprochen und gefragt wurde, ob sie in Deutschland als Kellnerin arbeiten und während dieser Zeit bei einer Gastfamilie wohnen wolle.[26] Krystyna zeigte Interesse, und schon zwei Wochen später bekam sie von einer litauischen Im- und Exportfirma die Einladung von einem Frankfurter Ehepaar, beglaubigt durch einen deutschen Rechtsanwalt.

Doch am Flughafen wartete keine fürsorgliche Familie, sondern ein Barbesitzerduo aus Saarbrücken. Nachdem sie Krystyna in einem Café ihren Paß und ihr Rückflugticket abgenommen hatten, brachten sie die 20jährige geradewegs zu einem Puff in Frankfurts Breiter Gasse. In dem Büro eines ehemaligen Boxtrainers und seines exilrussischen Komplizen fanden Polizeibeamte später ganze Stapel mit kopierten Einladungen, die Krystynas angebliche Gasteltern an erlebnishungrige Frauen im ehemaligen Ostblock geschickt hatten.

Die toten Mädchen vom Westend

Auch die vier Prostituierten, die im August 1994 Opfer des Massenmords im Luxus-Sex-Club von Gabor Bartos im Frankfurter Westend wurden, hatten mit Einladungen von Exilrussen ein Visum beantragt und waren im Monat zuvor ganz legal in die Bundesrepublik eingereist. So besaß die 26jährige Marina die Einladung einer Berliner Reinigung für »Brautkleider, Cocktail- und Abendgarderobe«. Der Chef, ein seit 1978 in Deutschland lebender Exilrusse, bestritt allerdings, von der Frau jemals gehört zu haben: »Vielleicht hat einfach jemand eine Rechnung von mir manipuliert.«[27]

Die ebenfalls ermordete Veronika Sorokina (18) war von einer
kleinen deutsch-russischen Lebensmittelfirma in Berlin nach
Deutschland eingeladen worden. »Es kommt vor, daß unsere Partner
aus Rußland schreiben, sie würden gern mal jemanden zu uns schikken«, sagt der Geschäftsführer. »Manche kommen dann und manche nicht.«[28]

Veronika verdiente als Textilverkäuferin knapp 100 Mark im Monat und wohnte mit ihren Eltern in einer für russische Verhältnisse
recht großzügigen 2½-Zimmer-Wohnung am Stadtrand von St. Petersburg. »Ich wünsche mir einen gut bezahlten Job, einen guten
Mann, Liebe und Kinder«, schrieb sie in ihr Tagebuch. Eines Tages
liest sie eine Zeitungsannonce: »Frauen gesucht für angenehme Tätigkeit in Deutschland.« Die 18jährige meldet sich bei einer »Marina«, die ihr einen Job als Barkeeperin in Frankfurt verspricht. »Aber
sprich mit niemandem darüber«, wird sie von der Vermittlerin ermahnt, die bald darauf am Flughafen ein Ticket hinterlegt. Auch Veronika ahnte wohl, daß es bei ihrer Tätigkeit in Deutschland nicht nur
ums Ausschenken von Sekt und Selters gehen würde.

»In drei Monaten bin ich wieder bei euch, und dann sind wir
reich«, verabschiedet sie sich von ihren Eltern und fliegt am 28. Juli
1994 von St. Petersburg nach Frankfurt, wo sie von Bordellboß Bartos und seiner Ehefrau Ingrid in Empfang genommen wird. »Ich arbeite an der Bar. Je mehr Sekt ich verkaufe, desto mehr Geld bekomme ich«, berichtet sie durchaus wahrheitsgemäß ihrer Mutter in
einem letzten Telefonanruf vor der Mordnacht. »Ich habe mir schon
ein neues schwarzes Kleid und eine Handtasche gekauft.« Womit
Veronika in Deutschland wirklich Geld verdient hat, erfährt die Familie erst, als die 18jährige bereits tot ist.[29]

Bereits neun Jahre verheiratet war Jelena Starikowa (28), die
ebenfalls in dem Frankfurter Edelbordell starb. Ihr Mann arbeitete
als Verkäufer, sie als Krankenschwester. Gemeinsam lebten sie in
einer tristen Einzimmerwohnung im achten Stock eines St. Petersburger Plattenbaus. Sie flog am 21. Juni nach Deutschland, ohne das
Wissen ihres Mannes. »Sie sagte, sie müsse zu ihrer Mutter nach

Murmansk«, berichtete er später. Schließlich gesteht sie ihm am Telefon doch, daß sie nach Frankfurt am Main gereist ist und dort für harte D-Mark arbeitet, angeblich als Babysitterin: »Ich habe einen tollen Job bei einer sehr netten Familie«, beruhigt sie ihn. »Und stell dir vor, ich bekomme 1500 Mark im Monat.«[30]

Treffpunkt Wien

Seit der Eiserne Vorhang gefallen ist und in Europa fast überall Reisefreiheit herrscht, boomt der käufliche Ost-West-Sex nicht nur in Deutschland. Die Bonner Staatssekretärin Cornelia Yzer schreibt sogar mit einem gewissen Stolz, daß sich der Menschenhandel mit Osteuropäerinnen durch »die zunehmende Ermittlungstätigkeit der deutschen Polizei« mehr und mehr in die Beneluxländer und nach Frankreich verlagert.[31]

Die Methoden der Schlepper und Zuhälter sind auch dort die gleichen: So gründete im holländischen Zeist ein ehemaliger Armeeoffizier gemeinsam mit einem Komplizen und einer 24jährigen Exilrussin eine – angeblich gemeinnützige – Stiftung, die nach ihrer Satzung dem kulturellen Austausch zwischen Jugendlichen aus der GUS und den Niederlanden dienen sollte. Eine in Kiew lebende Verwandte der Exilrussin sprach in der ukrainischen Hauptstadt junge Frauen an und fragte sie, ob sie für ein paar Wochen nach Holland kommen wollten, um dort Gleichaltrige kennenzulernen. Willigten die Mädchen ein, wurde über die Stiftung das Visum beantragt und auch das Flugticket bezahlt.

Nach ihrer Ankunft in Holland stellte sich für die Mädchen bald heraus, daß die Gastgeber von kulturellem Austausch recht ungewöhnliche Vorstellungen hatten: Mit der Begründung, daß sie ihre Reisekosten zu bezahlten hätten, wurden die jungen Russinnen und Ukrainerinnen gezwungen, als Prostituierte in Sex-Clubs zu arbeiten. Neun von ihnen fand die Polizei später bei Großrazzien in Amsterdam und einer holländischen Kleinstadt.[32]

Am Lerchenfelder Gürtel in Wien, dem »St. Pauli Österreichs«, stammen mittlerweile die meisten Mädchen aus den alten Kronländern der k. u. k.-Monarchie – auch beim Geschäft mit dem käuflichen Sex zeigt die Geschichte bisweilen eine gewisse Ironie. Ob aus Kroatien oder den Karpaten, Ungarn oder der Ukraine, Slowenien oder der Slowakei – die Frauen kommen für ein paar Wochen oder Monate in die ehemalige Hauptstadt des Vielvölkerstaates, um dort mit Sex harte Schilling zu verdienen.

Die 23jährige Moskauerin Nadja war in Wien sogar so clever, der Bildzeitung – gegen angemessene Entlohnung – eine von vorn bis hinten erfundene Geschichte über den »Russen-Hitler« Schirinowskij anzudrehen, aus der das Boulevardblatt gleich eine mehrteilige Serie strickte: »Ich war seine Sex-Sklavin. Er quälte mich, er schlug mich.«[33] Da griff selbst der frühere Regierungssprecher und Kanzlerberater Peter Boenisch zur Feder und kommentierte: »Schirinowskij ist ein Alptraum geworden – nicht nur für die Damen des horizontalen Gewerbes.«[34]

Tatsächlich mit Gewalt wurde die 19jährige Svetlana aus dem westukrainischen Lvor (Lemberg) auf den Strich gezwungen. Sie hatte sich von dem Mitarbeiter eines bulgarischen Zuhälterrings mit der Aussicht nach Wien locken lassen, dort als Tänzerin und Fotomodell 2000 Dollar im Monat verdienen zu können. Als das junge Mädchen nach seiner Ankunft entrüstet ablehnte, in der Donaumetropole als Prostituierte zu arbeiten, wurde ihm – wie im Milieu üblich – sogleich die Schuldenrechnung präsentiert. Der Gastgeber eröffnete der ebenso naiven wie hilflosen Frau, daß sie erst einmal drei Monate in einer Sex-Bar arbeiten müsse, um die Reise- und Vermittlungskosten abzahlen zu können.

Als die Wiener Polizei Svetlana schließlich aus den Fängen der bulgarischen Sex-Mafia befreite, konnten die Bosse vom Balkan nicht wegen Menschenhandels bestraft werden – die 19jährige hatte sich schon zu lange in Wien aufgehalten, um nach österreichischem Recht noch als Opfer zu gelten. Schlepper und Mädchenhändler konnten in der Alpenrepublik nur verurteilt werden, wenn sie direkt nach Ankunft einer Frau der Polizei ins Netz gingen.[35]

Der Oberste Gerichtshof in Wien nahm den Fall der jungen Ukrainerin aber immerhin zum Anlaß, die Rechtsprechung zu verschärfen: So müssen Besitzer von Bordellen oder Sex-Clubs bei einem entsprechenden Verdacht nachweisen, daß eine bei ihnen beschäftigte ausländische Frau über normale soziale Kontakte in Österreich verfügt, vor allem einen Bekanntenkreis und eine eigene Wohnung.

Während vor allem junge, unerfahrene Osteuropäerinnen zu hilflosen Opfern gemacht wurden, sehen clevere Frauen im internationalen Sex-Geschäft die Chance ihres Lebens. »Erst wenn ich 20 000 Francs gespart habe, fahre ich wieder nach Hause zurück«, berichtete ein Callgirl aus Weißrußland einem französischen Journalisten in Paris. Mit dem Geld will sie im heimatlichen Minsk ein Im- und Exportgeschäft für technische Geräte eröffnen. »Mehr als die Hälfte der Summe habe ich schon zusammen.« In Zeitschriftenannoncen offerierte sie interessierten Männern in Paris »rêves russes«, russische Träume.

Allein im norditalienischen Modena registrierte die Polizei Ende 1992 mehr als 100 Prostituierte aus den ehemals sozialistischen Ländern und schickte sie in ihre Heimat zurück.[36] Auch in Rom, Mailand und anderen Großstädten des Landes gehen Frauen aus dem Osten auf Kundenfang. »Die Blonden haben offenbar den größten Erfolg«, sagt – nicht unbedingt überraschend – ein Offizier der Sittenpolizei in Turin, der innerhalb von drei Monaten mehr als ein Dutzend Tschechinnen, sieben Polinnen, drei Russinnen, eine Rumänin »und sogar eine Frau aus Eriwan« auf seiner Wache vernahm. Von den rund 4000 Prostituierten in der EU-Hauptstadt Brüssel stammen nach Angaben der Behörden mehr als 300 Frauen aus den Ländern östlich der EU – mit steigender Tendenz. Bei den Frauen in belgischen Peep-Shows machen Osteuropäerinnen mittlerweile sogar schon fast die Hälfte aus. Auf der Bühne des Brüsseler Nachtclubs »Gallery« mühen sich regelmäßig Paare aus Ungarn oder anderen ehemaligen Ostblockländern mit Sex-Posen ab, unterlegt mit Gestöhne vom Band. Etwas weiter, im »Aloha Club«, unterhalten junge Tschechinnen die Gäste mit einem Striptease und lassen sich anschließend zu einer Magnumflasche Champagner für 470 Dollar einladen – weitere Unternehmungen im Séparée nicht ausgeschlossen.[37]

»Natascha, spring ins Bett!«

Nicht nur in Westeuropa hat sich die Herkunft vieler Huren durch den Fall des Eisernen Vorhangs verändert: Seit die Sowjetunion Ende der 80er Jahre damit begann, Juden in großem Stil die Ausreise nach Israel zu erlauben, hat sich allein in Tel Aviv die Zahl der Sex-Clubs und Bordelle von 30 auf 150 erhöht.[38] Ein Großteil der Prostituierten in der israelischen Hauptstadt stammt mittlerweile aus Rußland und anderen Nachfolgestaaten der UdSSR.

Selbst das nach außen hin so puritanische Arabien ist ein ergiebiger Markt für käuflichen Sex aus den postkommunistischen Ländern: In regelmäßigen Abständen landen auf dem Flughafen von Dubai Dutzende von Russinnen und reisen mit einem 14-Tage-Visum in das Emirat ein. Zwei Wochen später geht es – meist beladen mit TV-Sets, Stereoanlagen und anderen technischen Geräten – zurück in die Heimat.

Für Frauen und Zuhälter aus dem Südwesten der GUS besonders lukrativ ist die türkische Schwarzmeerküste. »Ich liebe diese Nataschas«, zitiert das Time-Magazin die »seufzenden« Worte eines Zollbeamten am Kontrollpunkt zum ehemals sowjetischen Georgien. »Gott hat sie erschaffen.« Offenbar auch als Folge dieser grenzenlosen Bewunderung ist die Scheidungsrate im Nordosten der Türkei seit 1990 um 20 Prozent gestiegen. Der Satz »Natasha yat asagi!« – übersetzt »Natascha, spring ins Bett!« – ist in dieser Region zum geflügelten Wort geworden.

In dem grenznahen Dorf Hopa, wo es bis Ende der 80er Jahre kein einziges Hotel gab, ist die Zahl der Herbergen in kurzer Zeit auf über 30 angestiegen. »Die ganze Schwarzmeerküste gleicht einem riesigen Bordell«, klagt ein Verwaltungsbeamter in der nahegelegenen 160 000-Einwohner-Stadt Trabzon. Die Nächte mit den »Nataschas« sind allerdings nicht billig: Bis zu 150 Dollar verlangen die Mädchen von jenseits der Grenze für ein transkulturelles Abenteuer. Der Time-Reporter James Wilde hat festgestellt, daß wegen der hohen Preise sogar »die beliebten Goldketten von den Nacken der Schwarzmeeranwohner verschwinden« – für die Russin Irina kein überraschendes Phänomen: »Wir melken die

Männer hier, so gut wir können«, berichtet die erfahrene Grenz-
gängerin.[39]

Im Westen der Türkei sind es hingegen vor allem Frauen vom ehemals sozialistischen Balkan, die in den Bordellen oder auf den Straßen der Städte ihren Körper für Sex verkaufen. Allein im Februar
1993 kehrten 285 Rumäninnen aus der Türkei mit einem großen roten »X« in ihrem Paß nach Hause zurück – das Zeichen dafür, daß sie
von der Polizei als Prostituierte aufgegriffen und aus dem Land abgeschoben wurden.[40]

In Istanbul entwickelte sich vor allem der Stadtteil Tarabaya zu
einer heißen Adresse für osteuropäische Huren und ihre Freier.
Hunderte von Mädchen aus Bulgarien, Rumänien und der ehemaligen Sowjetunion warten dort allabendlich auf Kundschaft. Als in
Tarabaya im Juni 1994 eine deutsche Diplomatenfrau von zwei Türken mehrfach vergewaltigt wurde, schenkte ihr die Polizei keinen
Glauben, weil sie das Opfer für eine Prostituierte aus Osteuropa
hielten...[41]

»Ich bin in Istanbul zunächst allein anschaffen gegangen«, berichtet die Rumänien Anghelina einem Reporter, der mehrere Frauen
nach ihrer Rückkehr aus der Türkei interviewte. »Mit einem ›Beschützer‹ war die Sache dann aber doch einfacher.« Nach drei Monaten in den Bordellen am Bosporus hatte die Mutter von zwei Kindern nach eigenen Angaben immerhin 2000 Dollar verdient.

»Die Zuhälter machen mit uns natürlich das meiste Geld«, hat
auch die 16jährige Schülerin Idlico festgestellt. Sie geht aufs Wirt-
schaftsgymnasium von Temesvar, der Stadt, wo eine starke ungarische Minderheit lebt und wo im Dezember 1989 die Revolution gegen Staatschef Nicolae Ceaucescu losbrach. Im Frühsommer 1993 –
dreieinhalb Jahre nach Sturz und Hinrichtung des megalomanischen
Diktators – arbeitete die blonde und blauäugige Schülerin sechs Wochen lang als Callgirl in der Türkei. Ihr Zuhälter quartierte das Mädchen in einem Billighotel am Stadtrand von Istanbul ein und brachte
sie abends mit einem Auto in die Wohnungen ihrer Freier. »Fünf bis
sechs Männer hatte ich pro Nacht«, erinnert sich das junge Mädchen, das ebenfalls zur ungarischen Minderheit in Rumänien gehört. Von den umgerechnet 65 Mark, die ihr Zuhälter pro Kunde

kassierte, durfte die 16jährige jeweils 8,50 Mark behalten[42] – ungefähr derselbe Betrag, den eine Thailänderin oder Osteuropäerin als Prostituierte in einem deutschen Kleinbordell pro »Nummer« durchschnittlich verdient.

Nach eineinhalb Monaten am Bosporus blieben Idlico immerhin über 2000 Mark – für einen Teenager im krisengeschüttelten Rumänien noch immer eine astronomische Summe. Ihr Zuhälter allerdings strich für seine Vermittlungsdienste und die Unterkunft mehr als 13 000 Mark ein.

Die ein Jahr jüngere Oliana aus der Schwarzmeerstadt Constanza wurde von einer erfahrenen Freundin nach Istanbul mitgenommen und ins dortige Rotlichtmilieu eingeführt: »Wir wollen nur das haben, was gleichaltrige Mädchen im Westen auch bekommen«, sagt die 15jährige. »Meine Eltern haben keine Arbeit mehr und können nichts für mich kaufen.« Ihre Freundin hingegen besaß nach einigen Monaten als Nutte am Bosporus schon einen gebrauchten Ford.

Werden sie von der Polizei als Prostituierte aufgegriffen, müssen sich Ausländerinnen vor ihrer Abschiebung im Istanbuler Gefängnishospital Geam-Geam noch einer gynäkologischen Untersuchung samt Aidstest unterziehen – auf eigene Kosten selbstverständlich. Doch selbst diese wenig angenehme Prozedur scheint kaum eine der Frauen davon abzuschrecken, so bald wie möglich wieder in die Türkei zurückzukehren. Auch das rote »X« im Paß ist kein nennenswertes Hindernis: Die Ausgewiesenen melden ihre Papiere in Rumänien als gestohlen und erhalten wenig später neue Dokumente. »Ein viel größeres Problem«, so die 18jährige Emilia nach ihrer Rückkehr, »ist die Konkurrenz durch russische und bulgarische Mädchen.«

X. Beruf Hure?

Solange es ein Wohlstandsgefälle auf dieser Welt gibt – und es spricht wenig dafür, daß es jemals verschwinden wird –, so lange werden Menschen aus ärmeren Ländern in reichere Länder kommen, um dort Geld zu verdienen. Daß sich Prostitution dafür ganz besonders anbietet, liegt schlichtweg daran, daß für sexuelle Dienstleistungen kaum besondere Kenntnisse vonnöten sind.

Für diese Menschen in der Bundesrepublik einen gesicherten legalen Rahmen zu schaffen ist nahezu unmöglich, denn dafür müßte das Ausländerrecht grundsätzlich geändert werden. Es wäre weder gerecht noch politisch durchsetzbar, einem Bauarbeiter aus Kolumbien oder der Ukraine die Aufenthaltserlaubnis zu verweigern, während man einer Prostituierten dieses Recht einräumt.

Doch zugleich wird die Ausbeutung gerade von Ausländerinnen durch die deutsche Politik massiv unterstützt. Indem die Kommunalverwaltungen Sperrgebiete ausweisen und zugleich der Staat das »Herstellen einer gehobenen und diskreten Atmosphäre« bei käuflichem Sex unter Strafe stellt, fördert er die Entstehung von Großbordellen. Die Immobilienbesitzer und Bordellbetreiber in den meist knapp bemessenen Toleranzzonen werden zu Monopolisten und können die Mieten in immer schwindelerregendere Höhen treiben. Der Preisdruck auf die Prostituierten ist so groß, daß es in Städten wie Frankfurt am Main fast nur noch für Frauen aus armen Ländern lukrativ ist, in einem Eros-Center zu arbeiten. Nicht zuletzt wegen der enorm hohen Summen, die dort umgesetzt werden, ist die vom Gesetz bewußt geförderte Bordellprostitution auch nach Einschätzung des Bundeskriminalamts »ein Schwerpunkt der organisierten Kriminalität im Bereich des Nachtlebens«[1].

Der Staat drängt käuflichen Sex in ein halblegales Dunkel ab und schafft damit für Ausbeutung, Gewalt und Korruption ideale Bedingungen. Alle Statistiken belegen, daß die Milieukriminalität gerade seit Öffnung der Grenzen nach Osteuropa enorm zugenommen hat – deutsche wie ausländische Menschenhändler, Drogenschmuggler, Waffen- und Autoschieber finden in den Rotlichtvierteln deutscher Großstädte überaus günstige Bedingungen. Doch anstatt auf diese Entwicklung zu reagieren und für käuflichen Sex einen legalen Rahmen zu schaffen, verschanzt sich der Staat hinter antiquierten Moralvorstellungen, die mit der Realität von Prostitution und ihrem Umfeld in Deutschland nichts zu tun haben.

Neben Hurengruppen wie »Hydra« und »HWG« fordern mittlerweile auch immer mehr Wissenschaftler, Juristen und selbst das Bundeskriminalamt die Anerkennung von Prostitution als Beruf.[2] Im Kern geht es dabei um das Ziel, käuflichen Sex mit anderen Dienstleistungen juristisch gleichzustellen. Natürlich würde durch solch einen Schritt die Milieukriminalität nicht mit einem Schlag verschwinden. Doch solange der Staat das Geschäft mit käuflichem Sex in eine rechtliche Grauzone abdrängt, entstehen zwangsläufig illegale Strukturen. Nicht zuletzt die rechtliche Diskriminierung zwingt Prostituierte auch nach Ansicht des Bundeskriminalamts »häufig in Abhängigkeits- und Ausbeutungsverhältnisse, die von organisierten Straftätern systematisch aufgebaut und ausgenutzt werden«[3]. In kaum einer anderen Branche herrschen die Gesetze des Marktes so brutal und unbeschränkt. Weil das Gewerbe nach wie vor als »sittenwidrig« gilt und die Bundesregierung käuflichen Sex zudem für eine »sozial unwertige Tätigkeit« hält, müssen die Frauen auf jede soziale Sicherheit verzichten. Ob Urlaubsanspruch, vertraglich festgelegte Arbeitszeiten oder Lohnfortzahlung bei Krankheit – sämtliche sozialen Fortschritte der vergangenen 120 Jahre bleiben Prostituierten verwehrt. Vertragliche Arbeitsverhältnisse zwischen einem Clubbetreiber und seinen Mitarbeiterinnen werden juristisch nicht anerkannt und vom Strafgesetzbuch sogar ausdrücklich verboten. Ein Chef, der für seine Angestellten freiwillig Sozialabgaben abführt, macht sich wegen »gewerbsmäßiger Förderung der Prostitution« strafbar.[4]

Bei einer Anerkennung als Beruf könnten Prostituierte als selbständige Unternehmerinnen tätig werden und sich kranken- und sozialversichern. Nach einem Ausstieg wäre es möglich, sie unter Anerkennung ihrer früheren Tätigkeit umzuschulen – die mangelnde Berufsausbildung ist schließlich bei vielen Frauen ein wichtiger Grund, warum sie weiter als Prostituierte arbeiten.

Die Antwort der Bundesregierung auf die parlamentarische Anfrage zur »gesellschaftlichen und rechtlichen Situation von Prostituierten« ist ein Dokument, das an Realitätsferne kaum zu überbieten ist.[5] Mehrfach betont das Bonner Ministerium für Frauen und Jugend, daß Prostitution »überwiegend als Verstoß gegen die auf dem Gebiet der Sittlichkeit und Sexualität geltenden Grundsätze des menschlichen Zusammenlebens gewertet« werde.[6] Wer solche moralisierenden Ansichten zur Grundlage seiner Politik macht, kann und will in der Realität nichts verbessern. Die bis auf den Apostel Paulus zurückgehende Trennung der Frau in die »Heilige« und die »Hure« scheint auch Ende des 20. Jahrhunderts noch immer die staatliche Politik zu prägen. Zu allem Überfluß stellt die Bonner Regierung noch einmal ausdrücklich fest, daß das Gewerberecht »auch in Zukunft auf die Prostitution keine Anwendung finden« wird. Doch selbst das Bundeskriminalamt fordert mittlerweile, für käuflichen Sex endlich entsprechende Bestimmungen zu erlassen. Jede Pommes-Bude oder Autowerkstatt muß sich daran halten – doch ausgerechnet für Bordelle und Sex-Clubs, in denen jedes Jahr Milliarden umgesetzt werden, gibt es keine gewerberechtlichen Vorschriften. Die Lokale und Bordelle können bislang nur aus bau- und sicherheitspolitischen Gründen überprüft werden; für die Arbeitsbedingungen der Frauen interessieren sich die Behörden jedoch nicht.

Es ist längst überfällig, für käuflichen Sex – ähnlich wie für andere Dienstleistungen oder für gastronomische Betriebe – einen gewerberechtlichen Rahmen zu schaffen, der die Interessen der Prostituierten berücksichtigt. Arbeitsrechtliche und hygienische Bestimmungen müßten bei der Vergabe einer Konzession ebenso eine Rolle spielen wie die Frage, welchen Anteil vom Freierlohn eine Hure mindestens behalten darf. Inklusive aller verdeckten Kosten erscheint eine Abgabe von 50 Prozent an die Betreiber als die höchste vertretbare Grenze. In der Realität gibt es viele Prostituierte, die mehr als 90 Prozent ihres Umsatzes abführen müssen.

Würde der Staat für Bordelle oder Sex-Clubs Konzessionen vergeben, wäre es zugleich möglich, die Integrität der Betreiber und ihrer Mitarbeiter zu überprüfen – auch wenn gegenwärtige Rotlichtgrößen ohne Frage versuchen würden, über Strohmänner weiter im Geschäft zu bleiben. Durch einen gewerberrechtlichen Rahmen hätten die Ordnungsämter jedoch stärker als bisher die Möglichkeit, von Kriminellen kontrollierte Bordelle und Sex-Clubs zu schließen.

Es wird zweifellos auch bei einer Legalisierung zahlreiche Prostituierte geben, die auf eine Festanstellung verzichten, denn ein Arbeitsvertrag bedeutet ja zugleich einen nicht unerheblichen Verlust an Freiheit. Außerdem wäre mit der Anerkennung als Beruf ein gewisser bürokratischer Aufwand verbunden, zu dem sich wohl nicht alle Frauen bereit fänden. Sprecherinnen von Hurengruppen räumen ein, daß »Begriffe wie Steuerdisziplin, Versicherungspflicht, Gewerbebestimmungen und tatsächliche Eigenverantwortlichkeit« bei vielen Prostituierten auf Ablehnung stoßen.[7] Doch der Entschluß für oder gegen ein festes Arbeitsverhältnis muß den Frauen selbst überlassen bleiben – der Staat hat schlichtweg kein Recht, einer Berufsgruppe, die es gibt und immer geben wird, von vornherein jede soziale Absicherung zu verweigern.

Durch einige Besonderheiten des Sex-Geschäfts wird eine Legalisierung allerdings ohne Frage komplizierter als in anderen Branchen. Grundprinzip eines jeden staatlich anerkannten Gewerbes ist schließlich die Durchschaubarkeit. Wer seine Hemden oder Bettwäsche bügeln läßt und dafür Geld bezahlt, erhält anschließend einen Beleg. Bei der Prostitution gehört die Anonymität der Kunden hingegen zur Geschäftsgrundlage. Die Vorstellung, daß eine Prostituierte im Eros-Center, Club oder auf dem Straßenstrich eine Quittung ausstellt, ist schlichtweg absurd.

Doch auch in der Gastronomie und vielen anderen Gewerbezweigen gibt es zahllose Möglichkeiten, den tatsächlichen Umsatz zu verschleiern. Fast jeder Kneipenbesitzer kauft für seinen Betrieb auch gern mal ein paar Flaschen Schnaps »schwarz« im Supermarkt und nicht offiziell beim Großhändler.

Ähnlich wie bei der Drogenpolitik geht es auch beim Umgang mit Prostitution um eine grundsätzliche politische Frage: Ist der Staat bereit, für ein gesellschaftliches Phänomen, das er nicht verhindern kann, legale Strukturen anzubieten – oder setzt er darauf, den Leidensdruck so zu verschärfen, daß mögliche Neueinsteiger abgeschreckt werden.

Anhänger einer »weichen« Linie argumentieren, daß sich die Nachfrage ohnehin ihr Angebot schafft und daß für den zwangsläufig entstehenden Wirtschaftskreislauf ein gesetzlicher Rahmen geschaffen werden muß. Ihre Gegner vertreten hingegen den Standpunkt, daß durch eine Legalisierung vor allem die Nachfrage stimuliert wird.

Nun läßt sich zweifellos darüber diskutieren, ob käuflicher Sex einer Frau oder einem Mann tatsächlich eine dauerhafte Lebensperspektive bieten kann. Es handelt sich zumindest um eine Tätigkeit, die sehr von Alter und Aussehen abhängig ist und die – jedenfalls auf lange Sicht – für Frauen zahlreiche Risiken mit sich bringt. Der Wunsch vieler Prostituierten, diesen Job nur eine Zeitlang auszuüben und dann mit gut gefülltem Konto eine gesicherte Zukunft vor sich zu haben, geht nur in den seltensten Fällen in Erfüllung. Eine Ausnahme mag für jene Prostituierten gelten, die später selbst einen Sex-Club oder ein Bordell eröffnen und ihre früheren Erfahrungen dafür nutzen können.

Ansonsten ist jedoch »schnell verdientes Geld auch schnell wieder ausgegeben«, wie selbst Hydra-Mitarbeiterinnen einräumen. Gerade die Möglichkeit, ohne Ausbildung und Fähigkeiten in kurzer Zeit hohe Summen verdienen zu können, macht den besonderen Reiz von Prostitution aus. Kaum ein Kenner oder eine Kennerin des Milieus bestreitet jedoch, daß sowohl die psychische als auch die physische Belastung für die Frauen sehr groß ist.[8]

Daß auch beim käuflichen Sex Angebot und Nachfrage durch staatliche Maßnahmen gedämpft werden können, zeigt das Beispiel München. Durch strenge Kontrolle der Sperrgebiete und eine rigide Untersuchungspflicht liegt die Zahl der Prostituierten im Vergleich zur Bevölkerung weit unter dem Durchschnitt anderer deutscher Großstädte. Natürlich gibt es auch in der bayrischen Hauptstadt ein

Rotlichtmilieu, und natürlich schaffen auch dort immer wieder Frauen in Sperrgebieten wie rund um den Hauptbahnhof an. Doch niemand wird ernsthaft behaupten können, daß diese Gegend auch nur annähernd mit Hamburg-St. Georg oder dem Frankfurter Bahnhofsviertel vergleichbar ist. Der Preis dafür ist allerdings eine harte und in anderen Städten kaum durchsetzbare Abschreckungspolitik, bei der einer Prostituierten allein wegen mehrmaligen Verstoßes gegen die Sperrgebietsverordnung eine Gefängnisstrafe droht.

Auch in München gibt es Hunderte von Prostituierten, die ausgebeutet werden und für die eine Berufsanerkennung zumindest die Chance auf bessere Arbeitsbedingungen mit sich bringen würde. Und München ist nicht überall: Hat sich in einer Stadt erst einmal ein entsprechendes Rotlichtviertel etabliert, ist es nahezu unmöglich, die dort gewachsenen und meist hochgradig kriminellen Strukturen allein durch repressive Maßnahmen aufzubrechen – Polizei und Justiz sind dabei schlichtweg überfordert.

Prostitution ist eine Realität und wird es immer bleiben. Die Nachfrage entspringt der männlichen Sexualität, die offenbar doch etwas andere Eigenschaften hat als ihr weibliches Pendant. Daß der Staat versucht, angenehme Arbeitsbedingungen zu verhindern und die Prostituierten dadurch zum Ausstieg zu bewegen, ist nicht nur irrwitzig, sondern auch in hohem Maße zynisch – wie auch die Tatsache, daß manche Richter und Staatsanwälte sogar soweit gehen, einen Vorrat von Kondomen als Beweismittel zu werten.

Im Grunde allerdings sind diese Strafverfahren nichts weiter als staatliche Wegelagerei, denn das einzige konkrete Ergebnis besteht darin, daß die Verurteilten mehrere tausend Mark Strafe zahlen müssen. Der Beweis, daß durch Prozesse dieser Art auch nur eine einzige Prostituierte dazu gebracht worden ist, ihren Beruf zu wechseln und »solide« zu werden, steht jedenfalls aus.

Auch die Betreiberinnen des Sex-Clubs »Schlaraffenland« mußten insgesamt 13 000 Mark Strafe zahlen, weil sich die Prostituierten in ihrem Betrieb besonders wohl fühlten. Beide Frauen hatten selbstverständlich die Kosten des Verfahrens zu tragen. Doch auch nach dem Prozeß blieb das »Schlaraffenland« weiter geöffnet und inserierte nahezu täglich in Boulevardzeitungen und Sex-Magazinen.

Und zum Jahreswechsel 1993/94 dankte der Club sogar im Düsseldorfer »Express« den Gästen für ihre Treue – und wünschte ihnen
allen einen »guten Rutsch«...

Anmerkungen

Kap. I

1 Die Angaben beruhen weitgehend auf dem Ermittlungsverfahren 612 Js 617/91 der Staatsanwaltschaft Düsseldorf und dem anschließenden Hauptverfahren vor dem Amtsgericht Neuss.

Kap. II

1 Hydra Informationsbroschüre 1992, S. 15.
2 Beate Leopold/Elfriede Steffan, Dokumentation zur rechtlichen und sozialen Situation von Prostituierten in der Bundesrepublik Deutschland, Berlin 1994, S. 206.
3 Vgl. u. a. »Bild«, 16. August 1994; »Der Spiegel«, 34/1993 u. 46/1994.
4 Gesellschaft für interdisziplinäre Sozialforschung in Anwendung, Freierstudie (unveröffentlichter Abschlußbericht), Berlin 1991.
5 Hydra, S. 5.
6 Ulrich Sieber/Marion Bögel, Logistik der Organisierten Kriminalität. Band 28 der Forschungsreihe des Bundeskriminalamts, Wiesbaden 1993, S. 174.
7 Cora Molloy, Hurenalltag. Sperrgebiet – Stigma – Selbsthilfe. Schriftenreihe der Fachhochschule Frankfurt am Main, Band 34, Frankfurt am Main 1992, S. 80.
8 »Der Spiegel«, 38/1992.
9 »Focus«, 14/1993.
10 Ebenda.
11 »Nachtexpress«, Nr. 8, S. 15.
12 Bundesministerium für Jugend, Familie, Frauen und Gesundheit, Umfrage zur Ermittlung der Häufigkeit von Risikoquellen für Aids, Untersuchungsbericht 1987.
13 Hydra, Informationsbroschüre, S. 15.
14 Dieter Kleiber/Doris Velten, Prostitutionskunden. Eine Untersuchung über soziale und psychologische Charakteristika von Besuchern weiblicher Prostituierter, Baden-Baden 1994, S. 19.

15 S. Anmerkung 4.
16 Kleiber/Velten (Anm. 15), S. 86.
17 »Der Spiegel«, 38/1992.
18 Kleiber/Velten (s. Anm. 15), S. 83.

Kap. III

1 August Bebel, Die Frau und der Sozialismus, Wiederauflage, Frankfurt am Main 1972, S. 208.
2 Antwort der Bundesregierung auf die Kleine Anfrage der Abgeordneten Christina Schenk und der Gruppe Bündnis 90/Die Grünen, Gesellschaftliche und rechtliche Situation von Prostituierten, BT-Drucksache 12/5518, 2. August 1993, S. 2.
3 BGH St 4, S. 373; BGH NStZ 1987, S. 407.
4 Ebenda, S. 13.
5 Bundesfinanzhof, Urteil v. 17. 4. 1970.
6 Bundestagsprotokolle, 6. Wahlperiode, S. 1636.
7 BGH-Urteil vom 17. September 1985, in: »Neue Juristische Wochenschrift« 1986, S. 596.
8 Ebenda.
9 Prostitution als Dienstleistungsbranche und Wirtschaftsfaktor in Frankfurt, Protokoll der öffentlichen Anhörung am 27. September 1990, S. 59.
10 Bundestagsprotokolle, 6. Wahlperiode, S. 1640.
11 BVerwG Beschluß vom 14. 11. 1990 NVwZ 1991, S. 373.
12 »Der Spiegel«, 22/1989.
13 »Nachtexpress«, Nr. 8, 1988.
14 »Neue Juristische Wochenschrift« 1993, Heft 30, S. 1911.
15 »Strafverteidiger«, 12/1992, S. 581 ff.
16 Zit. nach Ulrich Bauschulte, Das Rotlichtmilieu – Hort der organisierten Kriminalität oder Ausdruck organisierter Kriminalisierung? Vortrag auf dem Deutschen Strafverteidigertag 1993 in München.

Kap. IV

1 Vgl. Prostitution als Dienstleistungsbranche und Wirtschaftsfaktor in Frankfurt, Protokoll der öffentlichen Anhörung am 27. September 1990, Frankfurt am Main, 1990, S. 72.
2 Ebenda.
3 »Der Tagesspiegel«, 2. November 1992.
4 Sieber/Bögel (s. Anm. 7, Kap. II), S. 138.
5 »Frankfurter Rundschau«, 11. Januar 1990.
6 Öffentliche Anhörung am 27. September 1990 (vgl. Anm. 1).

7 »Die Welt«, 16. September 1993.

8 »Nachtexpress«, Nr. 8, S. 17.

9 Vgl. Entwurf eines Gesetzes zur Beseitigung der rechtlichen Diskriminierung von Prostituierten, Bundestags-Drucksache 11/7140.

10 »Die Welt«, 15. November 1987.

11 Leopold/Steffan (s. Anm. 2, Kap. II), S. 212.

12 Die Schilderung beruht auf mehreren Ermittlungsverfahren der Staatsanwaltschaft beim Landgericht Berlin. Die Namen wurden teilweise geändert.

13 »Nachtexpress«, Nr. 8, S. 13.

14 Ebenda, S. 15.

15 »Bild Berlin«, 1. August 1990.

Kap. V

1 »Nachtexpress«, Nr. 8, S. 17.

2 Ebenda, S. 16.

3 Ebenda, S. 17.

4 Vgl. u. a. »Berliner Morgenpost«, 14. November 1989.

5 »Stern«, 21. Oktober 1993.

6 Domenica, Körper und Seele, München 1994, S. 184.

7 »Nachtexpress«, Nr. 8, S. 16.

8 August Bebel (s. Anm. 1, Kap. III), S. 228 f.

9 »Nachtexpress«, Nr. 8, S. 15.

10 Sieber/Bögel (s. Anm. 7, Kap. II), S. 192.

11 ddp/ADN, 17. August 1994.

12 Die geschilderten »Milieugesetze« wurden unter anderem im Ermittlungsverfahren 68 Js 57/89 VRs der Staatsanwaltschaft beim Landgericht Berlin festgestellt.

13 Frank Buckow, Das Rotlichtmilieu und die organisierte Kriminalität, Vortrag auf dem deutschen Strafverteidigertag 1993, München.

14 dpa, 11. Oktober 1994.

15 »Nachtexpress«, Nr. 8, S. 14

16 Domenica, (s. Anm. 6), S. 136.

17 »Nachtexpress«, S. 11.

18 Ebenda, S. 38.

19 Domenica, (s. Anm. 6), S. 94.

20 »Nachtexpress«, S. 17.

21 Domenica, (s. Anm. 6), S. 94.

22 »Nachtexpress«, Nr. 8, S. 17.

23 ddp/ADN, 17. August 1994.

24 Sieber/Bögel (s. Anm. 7, Kap. II), S. 182.

25 Ebenda, S. 180.

26 Ebenda, S. 184 f.

27 »Der Spiegel«, 26/1987.

28 »Berliner Morgenpost«, 4. Februar 1987.
29 »Der Tagesspiegel«, 22. März 1993.
30 »Die Welt«, 29. August 1994.
31 ddp/ADN, 17. August 1994.
32 Vgl. dpa, 15. September 1994.
33 »Berliner Morgenpost«, 30. August 1987.
34 »Quick«, 13. Mai 1987.
35 »Der Spiegel«, 26/1987.
36 Sieber/Bögel (s. Anm. 7, Kap. II), S. 166.
37 »Der Spiegel«, 30/1987.
38 »Der Spiegel«, 32/1987.
39 »Frankfurter Allgemeine Zeitung«, 25. Oktober 1989.

Kap. VI

1 Vgl. Prostitution als Dienstleistungsbranche und Wirtschaftsfaktor in Frankfurt (s. Anm. 9, Kap. III), S. 63.
2 Die folgenden Angaben beruhen weitgehend auf der Untersuchung von Beate Leopold und Elfriede Steffan (s. Anm. 2, Kap. I).
3 »Die Welt«, 15. November 1987.
4 »die tageszeitung«, 8. Oktober 1986.
5 Beruf: Hure, hrsg. vom Prostituiertenprojekt Hydra, Hamburg 1988, S. 229.
6 »Nachtexpress«, Nr. 8, S. 32.
7 »die tageszeitung«, 7. März 1992.
8 »telex-dienst-tourismus«, 24. Juni 1993.
9 »Frankfurter Rundschau«, 9. Dezember 1992.
10 Zitiert nach Bernhard Kowalski, Prostituiertenstandort Frankfurt am Main, Frankfurt am Main, 1992.
11 Leopold/Steffan (s. Anm. 2, Kap. I), S. 142.
12 »Der Spiegel«, 47/1991.
13 dpa, 1. Dezember 1994.

Kap. VII

1 »Neue Zürcher Zeitung«, 7. August 1993.
2 Die Darstellung beruht auf einem umfangreichen Ermittlungsverfahren der Staatsanwaltschaft beim Landgericht Berlin. Die Namen wurden teilweise geändert.
3 »Express«, 6. März 1992.
4 »Frankfurter Rundschau« 20. August 1990.
5 Sieber/Bögel (s. Anm. 7, Kap. II), S. 223.
6 ddp/ADN, 28. November 1994.
7 »Die Welt«, 20. Oktober 1994.

Kap. VIII

1 Schriftliche Antwort der Parlamentarischen Staatssekretärin beim Bundesminister für Frauen und Jugend vom 22. April 1993 auf die Fragen (Arbeitsnummern 89/90) der Bundestagsabgeordneten Dr. Edith Niehuis (SPD).
2 »Der Spiegel«, 34/1994.
3 »Stern«, 47/1992.
4 »Time Magazine«, 25/1993.
5 »Sächsische Zeitung«, 17. August 1991.
6 »Stern«, 20/1992.
7 »Time Magazine«, 25/1993.
8 »Stern«, 20/1992.
9 »Süddeutsche Zeitung«, 21. Juni 1993.
10 Verfahren 68 Js 24/91 der Staatsanwaltschaft beim Landgericht Berlin.
11 »Der Spiegel«, 1/1994.
12 ADN/ddp, 31. August 1994.
13 ADN/ddp, 16. August 1994.
14 »Stern«, 47/1992.
15 Ebenda.
16 »Frankfurter Rundschau«, 8. Juli 1993.
17 Central and Eastern Europe in Transition. Public Policy and Social Conditions, UNICEF Regional Monitoring Report No. 1, November 1993, S. 15.
18 Ebenda.

Kap. IX

1 Sieber/Bögel (s. Anm. 7, Kap. II), S. 228.
2 »Die Welt«, 30. März 1992.
3 »Der Spiegel«, 34/1993.
4 »Der Spiegel«, 46/1994.
5 Bundesministerium für Frauen und Jugend, Antwort vom 22. April 1993.
6 »Berliner Zeitung«, 17. Dezember 1992.
7 »Time Magazine«, 21. Juni 1993.
8 Sieber/Bögel (s. Anm. 7, Kap. II), S. 147.
9 Ebenda, S. 197.
10 »Der Spiegel«, 34/1993.
11 »Die Welt«, 4. August 1994.
12 »Der Spiegel«, 44/1993, vgl. auch: Sieber/Bögel (s. Anm. 7, Kap. II), S. 74 ff.
13 dpa, 29. August 1994.
14 »Super Illu«, 17/1993.
15 »Der Spiegel«, 34/1993.
16 »Die Zeit«, 19. November 1993.

17 dpa, 11. Oktober 1994.
18 »Super Illu«, 17/1993.
19 »Der Spiegel«, 34/1993.
20 »Der Spiegel«, 37/1994.
21 Ebenda.
22 AFP, 26. August 1994.
23 »Der Spiegel«, 34/1994.
24 »Stern«, 35/94.
25 Ebenda.
26 »Der Spiegel«, 34/1993.
27 »Stern«, 35/94.
28 Ebenda.
29 »Bild«, 26. August 1994.
30 »Bild«, 27. August 1994.
31 Bundesministerium für Frauen und Jugend, Antwort vom 22. April 1993.
32 »Frankfurter Allgemeine Zeitung«, 17. April 1993.
33 »Bild«, 10.–12. Januar 1994.
34 »Bild«, 13. Januar 1994.
35 »Süddeutsche Zeitung«, 20. Januar 1994.
36 Ebenda.
37 »International Herald Tribune«, 10. Juni 1993.
38 »Time Magazine«, 21. Juni 1993.
39 Ebenda.
40 »Frankfurter Rundschau«, 30. Juli 1993.
41 »Frankfurter Allgemeine Zeitung«, 8. Juni 1994.
42 »Frankfurter Rundschau«, 30. Juni 1993.

Kap. X

1 Sieber/Bögel (s. Anm. 7, Kap. II), S. 137, vgl. auch: »Die Welt«, 20. Oktober 1994.
2 Sieber/Bögel (s. Anm. 7, Kap. II), S. 309 ff.
3 Ebenda, S. 307.
4 Wolfgang Heine/Marlies Koch, Prostitution und Sozialversicherung, Archiv für Wissenschaft und Praxis der sozialen Arbeit 1990, S. 91 ff.
5 BT-Drucksache 12/5518, 2. August 1993.
6 Ebenda, S. 13.
7 Cora Molloy, in: Christine Drößler (Hrsg.), Women at work – Sexarbeit, Binnenmarkt und Emanzipation. Dokumentation zum Ersten Europäischen Prostituiertenkongreß, Marburg 1992, S. 45.
8 »Nachtexpress«, Nr. 8, S. 38.